龙头战法

精讲

王 鹏　林孝山　周 雷
石昊楠　周 昭　韩 珂　编著

中国宇航出版社

·北京·

内 容 提 要

本书主要讲解龙头股捕捉与操作战法，内容包括基础认知篇、识别与启动信号篇、买入与持仓篇、卖出与风控篇、实战应用篇五大部分。讲解在牛市、下跌市、震荡市等不同市况中，操作龙头股的技巧，包括如何利用集合竞价和分时图发现龙头启动信号，精准捕捉龙头股的主升浪，抓住龙回头，操作连板妖股及止盈止损技巧等，其中包括独创的"六脉神剑战法""低吸战法""N型战法""布林线五日战法"等。对于投资者在实战中通过交易龙头股获利，具有一定的指导作用。

版权所有　侵权必究

图书在版编目（CIP）数据

龙头战法精讲 / 王鹏等编著. -- 北京：中国宇航出版社, 2025.6. -- ISBN 978-7-5159-2547-9

Ⅰ. F830.91

中国国家版本馆CIP数据核字第2025ZV7760号

责任编辑	卢　册	封面设计	王晓武

出版发行	中国宇航出版社		
社　址	北京市阜成路8号　邮　编　100830　（010）68768548	版　次	2025年6月第1版 2025年6月第1次印刷
网　址	www.caphbook.com	规　格	787×1092
经　销	新华书店	开　本	1/16
发行部	（010）68767386　（010）68371900 （010）68767382　（010）88100613（传真）	印　张	9.75
		字　数	105千字
零售店	读者服务部　（010）68371105	书　号	ISBN 978-7-5159-2547-9
承　印	天津画中画印刷有限公司	定　价	69.00元

本书如有印装质量问题，可与发行部联系调换

前 言

在风云变幻的股市中，龙头股以其强劲的领涨能力、超高的市场关注度以及巨大的收益空间，成为投资者追逐的焦点。然而，龙头股的博弈绝非简单的追涨杀跌，其背后蕴藏着复杂的市场逻辑、资金博弈规律与人性较量。

如何精准地捕捉龙头股的启动信号？如何在主升浪中坚定持仓？又如何在风险来临时果断离场？这些问题困扰着无数投资者。本书的写作，正是为了系统地解答这些难题，为投资者提供一套科学的、可复制的龙头股交易体系。

本书以"理论结合实战"为核心框架，共分为五篇，内容层层递进，深度剖析了龙头股的本质、识别方法、操作技巧与风险防控。

基础认知篇：从底层逻辑出发，解析龙头股的两大类别（行业龙头与资金龙头），揭示其核心特征与市场意义，深入探讨主力资金的运作规律。

识别与启动信号篇：聚焦集合竞价、分时图、底部信号与题材共振，通过量价关系、筹码分布等工具，构建龙头股的早期识别体系。

买入与持仓篇：详解"六脉神剑战法""N型战法"等经典策略，结合布林线、均线系统与筹码跟踪技术，精准捕捉主升浪的黄金买点。

卖出与风控篇：从动态止盈、止损纪律到主力出货信号，建立多维的风险防控机制，帮助投资者守住利润，规避风险。

实战应用篇：还原牛市、熊市与连板妖股的全周期操作案例，通过策略组合与仓位模型，实现从理论到收益的跨越。

本书涵盖了"认知—识别—操作—风控—实战"整个交易的完整链条，形成闭环交易系统。以数百个A股实战案例贯穿全书，结合分时图、K线图与龙虎榜数据，还原主力行为和操作细节。同时引入"布林线五日法则""涨幅分段止盈"等量化模型，将模糊的市场信号转化为可执行的交易指令。并针对广大散户常见的贪婪与恐惧心理，提出"动态仓位管理""情绪锚定训练"等解决方案，助力投资者突破认知瓶颈。

对于新手投资者，本书是快速理解龙头股本质的入门指南，可以避免盲目跟风与情绪化交易；对于成熟的交易者，书中的高阶策略可以进一步优化收益曲线。

股票投资是一场永无止境的修行，龙头股交易更是其中最具挑战性的赛道。本书不承诺"一夜暴富"，只希望通过科学的分析工具、严谨的交易纪律与深度的市场洞察力，帮助投资者在风险可控的前提下，捕捉龙头股的核心价值，最终实现长期稳健的资产增值。

愿每一位读者在学完本书时，不仅能收获策略与技巧，更能锻造出理性、坚韧的投资心智，在股海博弈中从容前行！

目 录

第一章 基础认知——龙头股的市场逻辑与主力行为 ············ 1

第一节 龙头股的底层逻辑与核心特征 ················ 3

一、龙头股定义：市场生态的"金字塔尖" ········ 3

二、核心规律：市场法则与股价走势双重驱动 ······ 4

三、核心特征：技术面与市场行为双重验证 ········ 6

四、主力运作：龙头股诞生的幕后推手 ············ 9

五、操作纪律：龙头股博弈生存法则 ············ 13

第二节 龙头股的分类与市场角色 ················ 16

一、龙头股的分类：价值驱动与情绪驱动 ········ 16

二、市场角色定位：两类龙头生态位差异 ········ 18

三、主力建仓信号：从技术面识别启动时机 ······· 20

四、风控策略：仓位管理与常见风险 ············ 22

第三节 主力行为解析 ························ 25

一、主力存在的核心标志：涨停板与大阳线 ······· 25

二、主力成本区：主力建仓、洗盘、起爆密码 ······ 26

三、换手率 ······························ 29

四、换手率五大定式 ………………………………………… 29

第二章　识别与启动信号——发现真龙 ……………………… 31

第一节　集合竞价：捕捉主力动向的黄金窗口 …………… 33
　　一、集合竞价的定义与市场功能 …………………………… 33
　　二、集合竞价交易规则 ……………………………………… 34
　　三、经典竞价形态解析 ……………………………………… 37
　　四、集合竞价优选股票 ……………………………………… 42

第二节　分时图狙击：捕捉涨停板的黄金窗口 …………… 43
　　一、如何正确观察分时图 …………………………………… 43
　　二、分时涨停的本质与主力意图 …………………………… 43
　　三、分时涨停六大类型 ……………………………………… 44
　　四、分时涨停优选 …………………………………………… 48
　　五、分时涨停买卖点 ………………………………………… 49
　　六、分时出货形态识别 ……………………………………… 50

第三节　底部信号：主力建仓的蛛丝马迹 ………………… 53
　　一、主力建仓的隐蔽性特征 ………………………………… 53
　　二、建仓阶段的量价验证 …………………………………… 54
　　三、小阳线的建仓策略：捕捉主升浪的核心方法 ………… 54

第四节　连板基因：龙头妖股的启动密码 ………………… 56
　　一、龙头妖股的走势特点 …………………………………… 56
　　二、龙头妖股的基本特征 …………………………………… 57
　　三、涨停板的分类 …………………………………………… 57
　　四、龙头股到妖股的晋级之路 ……………………………… 59

第三章　买入与持仓——精准介入与坚定持有　61

第一节　黄金买点：六脉神剑战法　63
一、十字星：主力犹豫与变盘预兆　63
二、大阳线：主力做多决心的标志　64
三、试盘线：主力测试市场反应的隐秘信号　66
四、六脉神剑战法：精准捕捉主升浪　68
五、实战案例解析　70

第二节　低吸战法：精准捕捉回调买点　72
一、低吸战法的核心逻辑与优势　72
二、龙头股筛选标准与确认条件　73
三、龙头低吸战法　74
四、卖点策略与持仓管理　75
五、实战案例解析　75

第三节　N型战法：二波起爆的确定性机会　77
一、N型战法的核心逻辑与优势　77
二、N型战法的基本形态　78
三、N型战法的选股条件　79
四、N型战法的买点　79
五、N型战法的卖点　80
六、实战案例解析　82

第四节　主升浪持股：布林线五日法则　83
一、布林线设计原理　83
二、布林线定义　84

三、布林线趋势判定 …………………………………………… 84

　　四、布林线五日法则 …………………………………………… 86

　　五、仓位管理与止盈止损 ……………………………………… 87

　　六、实战案例解析 ……………………………………………… 87

　第五节　筹码跟踪：资金运作全过程 ………………………………… 89

　　一、筹码的由来 ………………………………………………… 89

　　二、筹码分布的市场信息 ……………………………………… 90

　　三、筹码分布特征 ……………………………………………… 95

　　四、龙头成妖关键：筹码峰战法 ……………………………… 97

　　五、实战案例解析 ……………………………………………… 100

第四章　卖出与风控——守住利润，规避风险 ………………………… 103

　第一节　止盈策略：利润最大化的操作方法 ………………………… 105

　　一、动态止盈 …………………………………………………… 105

　　二、右侧止盈 …………………………………………………… 109

　第二节　止损纪律：风险控制的最后防线 …………………………… 112

　　一、情绪周期与止损阈值：动态风险控制的核心逻辑 …… 112

　　二、技术面破位信号：量化离场的客观依据 ……………… 114

　第三节　主力出货：提前识别的核心技巧 …………………………… 117

　　一、筹码松动的预警信号 …………………………………… 117

　　二、主力私下沟通的盘面语言 ……………………………… 119

　第四节　极端行情：逆天改命的最后一招 …………………………… 122

　　一、强洗盘后的反人性操作 ………………………………… 122

　　二、擒牛强金实战终极策略 ………………………………… 124

第五章　实战应用——从理论到收益 …………………… 127

第一节　连板妖股交易全攻略 …………………… 129
一、洞悉连板妖股本质 …………………… 129
二、精准把握连板妖股的入场时机 …………………… 131
三、仓位动态管理 …………………… 133
四、把握离场时机，锁定收益，规避风险 ……… 134

第二节　战法组合：不同行情的适配策略 …………… 136
一、牛市盈利法则：主升浪＋连板追击 …………… 136
二、熊市低吸策略：双轨低吸＋反包涨停 ……… 138

第三节　投资者修炼：心态与系统的终极融合 …… 141
一、心态认知：克服人性弱点对交易的影响 …… 141
二、仓位管理：动态风险控制的量化模型 ……… 142

第一章

基础认知
——龙头股的市场逻辑与主力行为

第一节 龙头股的底层逻辑与核心特征

一、龙头股定义：市场生态的"金字塔尖"

龙头股是特定市场周期中，以领涨性、持续性、抗跌性为核心特征，主导板块或题材走势的标杆性标的，其本质是市场资源配置的集中体现。

根据形成龙头股的驱动因素不同，可分为行业龙头（价值驱动型）和资金龙头（情绪驱动型）两大类别。

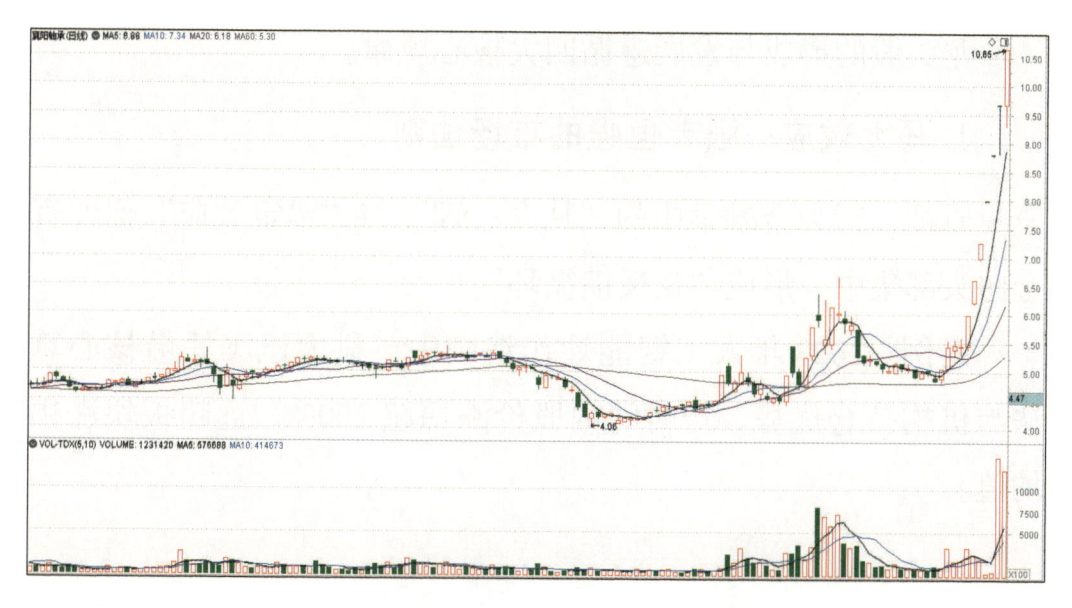

图1-1 襄阳轴承（000678）日K线走势图

图1-2 郑州煤电（600121）日K线走势图

市场意义：龙头股既是行业发展的晴雨表，也是资金博弈的温度计，其走势直接反映市场偏好与风险溢价的变化。

二、核心规律：市场法则与股价走势双重驱动

龙头股的形成与发展遵循四大核心规律。

1. 马太效应：强者恒强的市场法则

原理：行为金融学中的"从众心理"与"锚定效应"促使资金向头部集中，形成"正反馈循环"。

案例：2023年人工智能炒作浪潮中，科大讯飞凭借核心算法与机构持仓优势，短时间内股价涨幅超200%，远超板块涨幅均值。

图1-3 科大讯飞（002230）日K线走势图

2. 溢价效应：估值与流动性双重溢价

估值溢价：龙头企业因增长确定性高，能够享受更高的市盈率。如宁德时代市盈率长期高于二线电池厂商30%～50%。

流动性溢价：高成交量与高换手率降低交易成本，吸引量化资金与短线客持续参与。

3. 穿越性：逆周期的生存能力

本质：价值龙头依赖业绩韧性，情绪龙头依赖市场记忆。如2018年熊市中，贵州茅台逆势上涨28%。

机制：在市场下跌时，龙头股成为资金避险的"安全垫"。

4. 早生晚死：板块生命周期的"先手优势"

启动阶段：龙头股往往提前于板块突破关键阻力位。如中青宝在2021年元宇宙概念炒作启动时率先涨停。

退潮阶段：资金龙头通过反复震荡出货，退潮时间滞后于跟风股。如竞业达在 2022 年信创概念炒作行情中最后见顶。

三、核心特征：技术面与市场行为双重验证

1. 技术面特征：量价关系与筹码结构特征

（1）涨停基因。资金龙头要有 3 个涨停板确立地位，如中通客车 2022 年 6 月 13 连板，行业龙头则通过趋势性上涨体现强度。

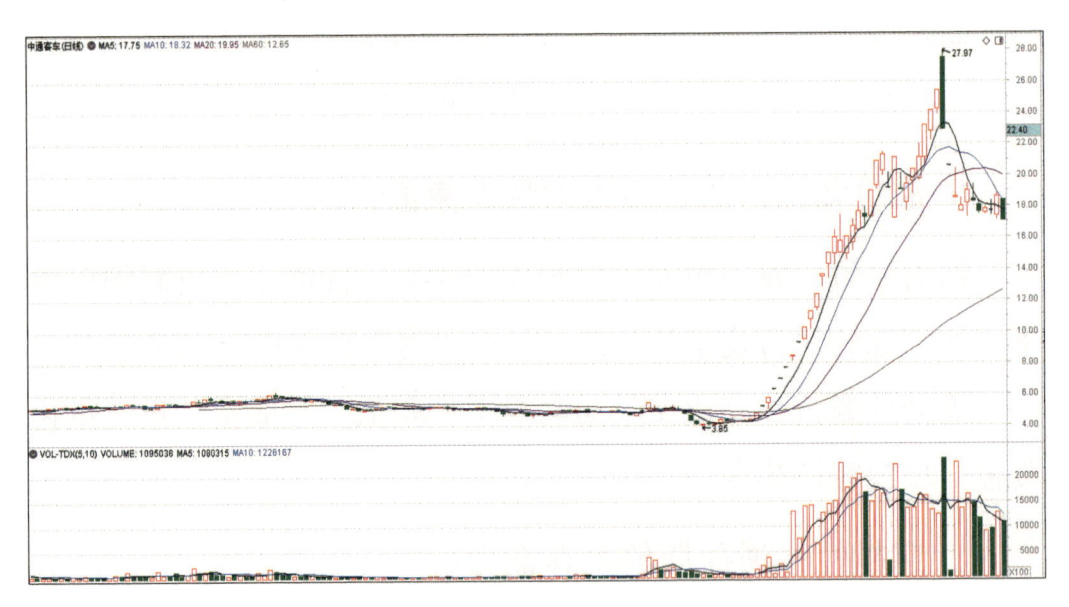

图1-4　中通客车（000957）日K线走势图

实体涨停优于一字板。换手充分，表明资金分歧与一致的动态平衡。

（2）量价关系。资金龙头上涨时放量，日均换手率超15%，调整时缩量。如西安饮食 2022 年 12 月的走势。

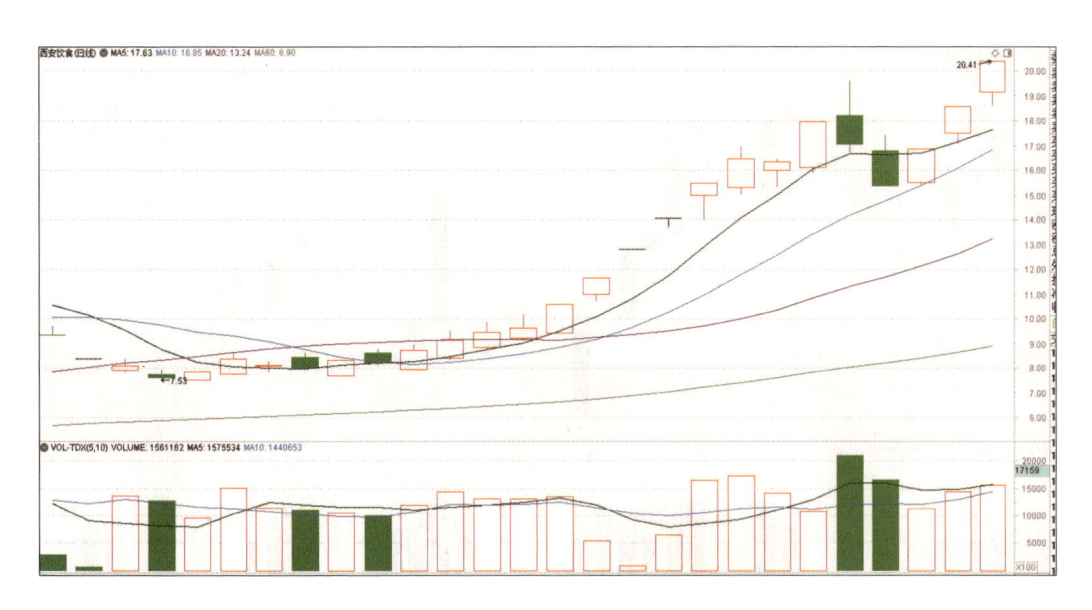

图1-5　西安饮食（000721）日K线走势图

行业龙头上涨时温和放量，调整时缩量企稳。如比亚迪2023年第三季度回调阶段的走势。

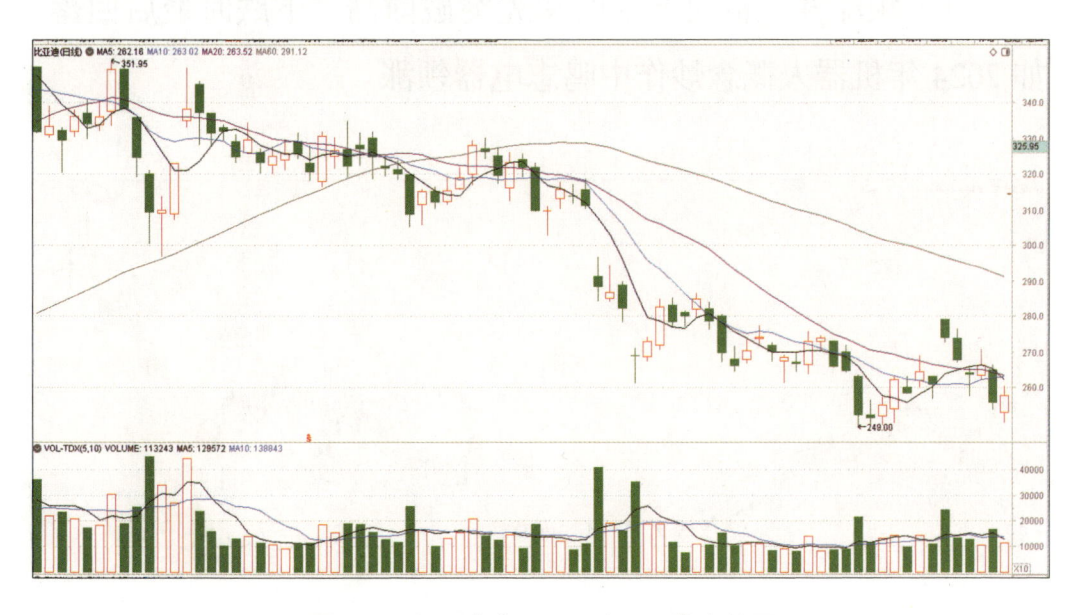

图1-6　比亚迪（002594）日K线走势图

（3）筹码分布。 主力成本区清晰，上方无显著套牢盘。如宗申动力2023年10月形成"单峰密集"后启动。

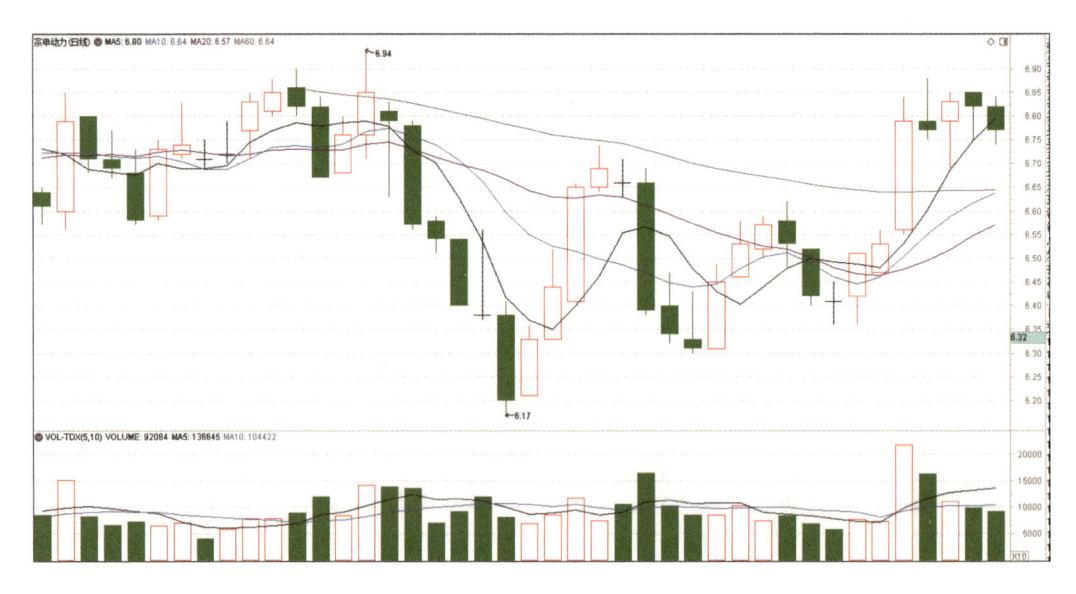

图1-7　宗申动力（001696）日K线走势图

2. 市场行为特征：资金流向与情绪指标共振

（1）领涨性。板块上涨时率先突破前高，下跌时最后回落。如2024年机器人概念炒作中鸣志电器领涨。

图1-8　鸣志电器（603728）日K线走势图

（2）抗跌性。市场回调时跌幅小于板块均值20%以上。如2025年AI算力板块调整中寒武纪的表现。

图1-9　寒武纪（688256）日K线走势图

（3）人气指标。连续多日位居同花顺"人气榜"前10名，东方财富股吧讨论热度持续升温。

四、主力运作：龙头股诞生的幕后推手

1. 主力运作的四个阶段

（1）筑底期。手法：打压吸筹＋震荡洗盘，形成"黄金坑"或"W底"形态。如宗申动力2023年10月的走势。

关键信号：成交量萎缩至地量，MACD指标底背离。

（2）主升期。手法：涨停板接力或趋势性上涨，快速脱离主力建仓成本区。如襄阳轴承2022年7月连续拉出5个涨停。

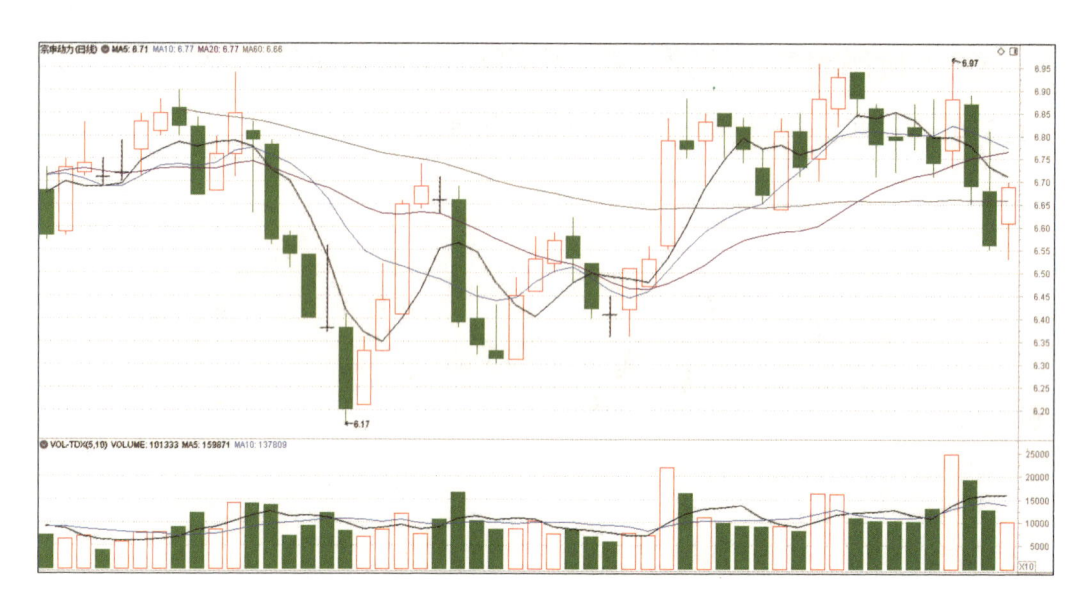

图1-10　宗申动力（001696）日K线走势图

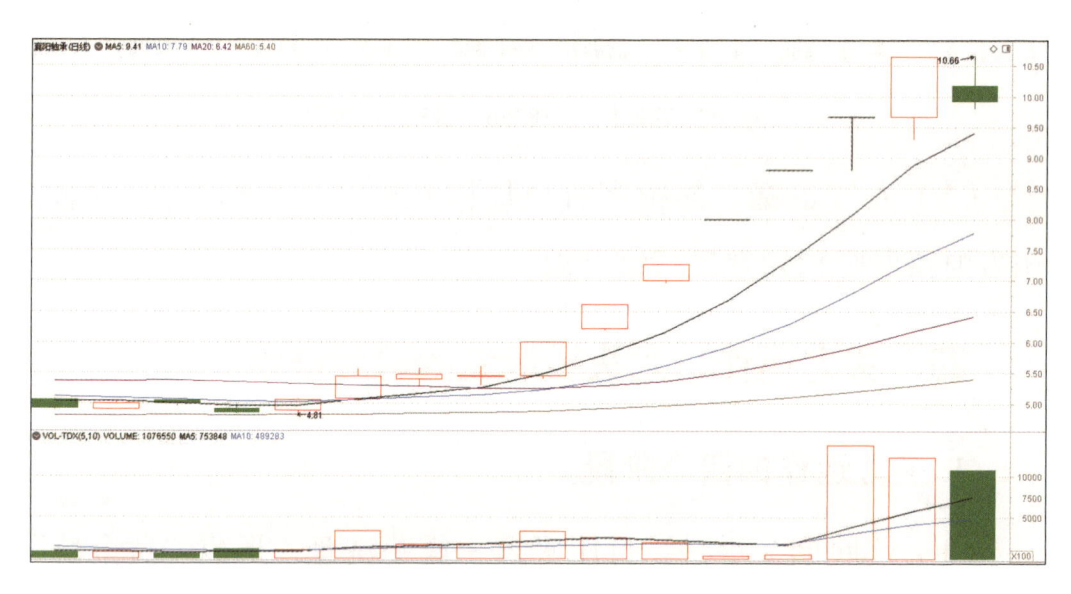

图1-11　襄阳轴承（000678）日K线走势图

量价特征：日均成交量放大2倍以上，股价沿5日均线陡峭上行。

（3）**盘头期**。手法：高位横盘+对倒出货，制造"假突破"陷阱。如三一重工2021年4月的顶部走势。

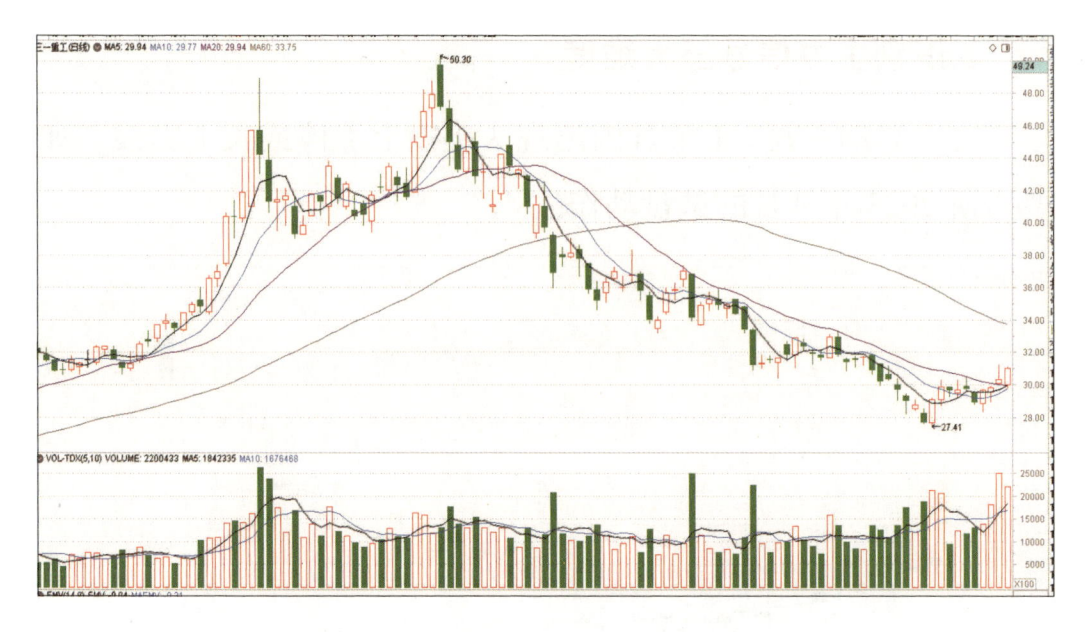

图1-12 三一重工（600031）日K线走势图

风险信号：放量滞涨，KDJ指标顶背离。

（4）主跌期。连续跌停或阴跌不止，反弹无量。如左江科技2023年12月的崩盘走势。

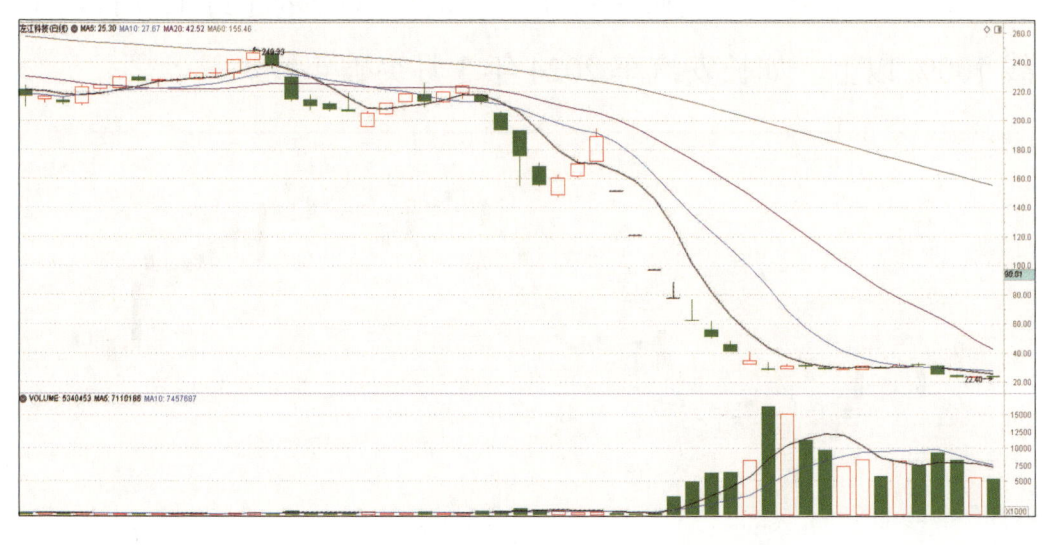

图1-13 左江科技（T300799）日K线走势图

2.识别主力信号三大维度

（1）异动试盘。1个月内出现3次以上涨停或长上影线。如赛力斯2023年9月的试盘动作。

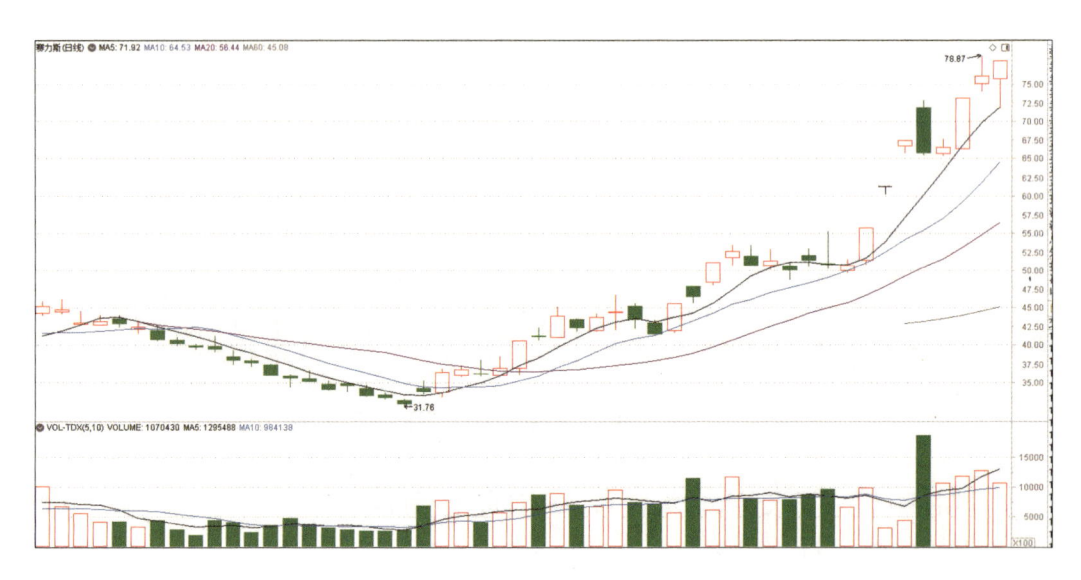

图1-14　赛力斯（601127）日K线走势图

（2）倍量突破。突破关键阻力位时，成交量超过120日均量线100%以上。如长安汽车2024年3月突破年线。

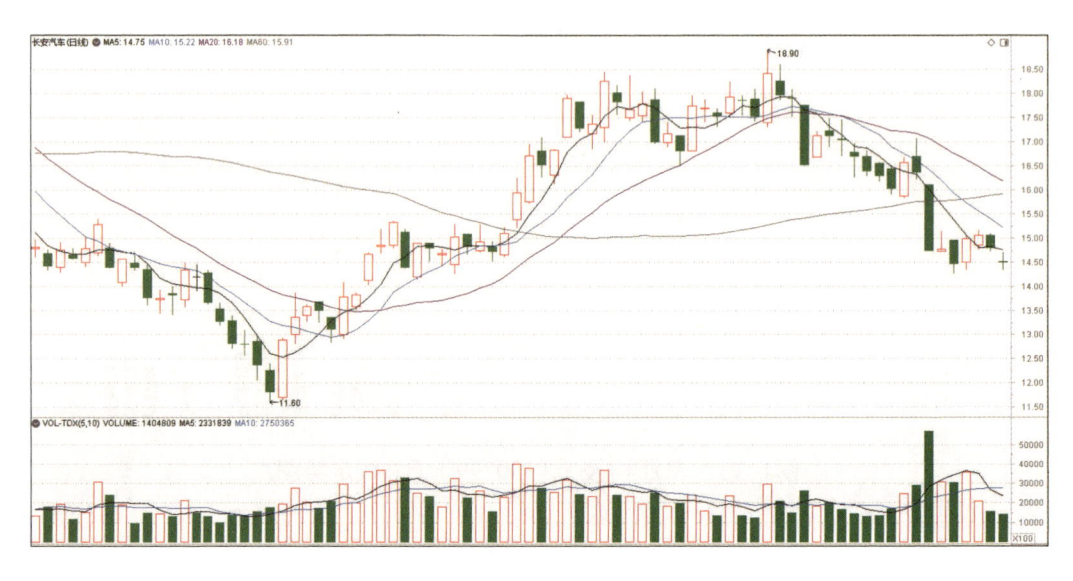

图1-15　长安汽车（000625）日K线走势图

（3）成本支撑。股价回调至主力成本区如 20 日成本均线后快速反弹。如华力创通 2023 年 8 月的走势。

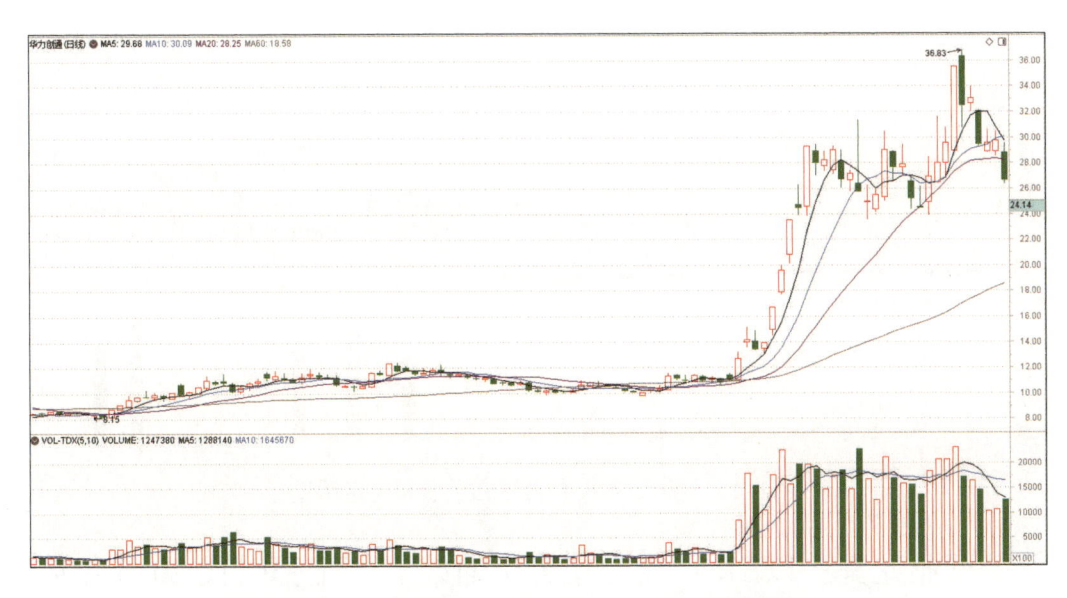

图1-16　华力创通（300045）日K线走势图

五、操作纪律：龙头股博弈生存法则

1. 聚焦最强：弱水三千，只取一瓢饮

选择标准：板块内涨停次数最多（资金龙头）或市值最大（行业龙头）的股票。

案例：2024 年 AI 芯片板块中，寒武纪因研发投入与产品迭代速度领先，成为机构首选。

2. 严控周期：不涨停即离场

持股周期：资金龙头 5～10 个交易日。如捷荣技术 2023 年 9 月走势中，18 个交易日涨幅即达 230%。

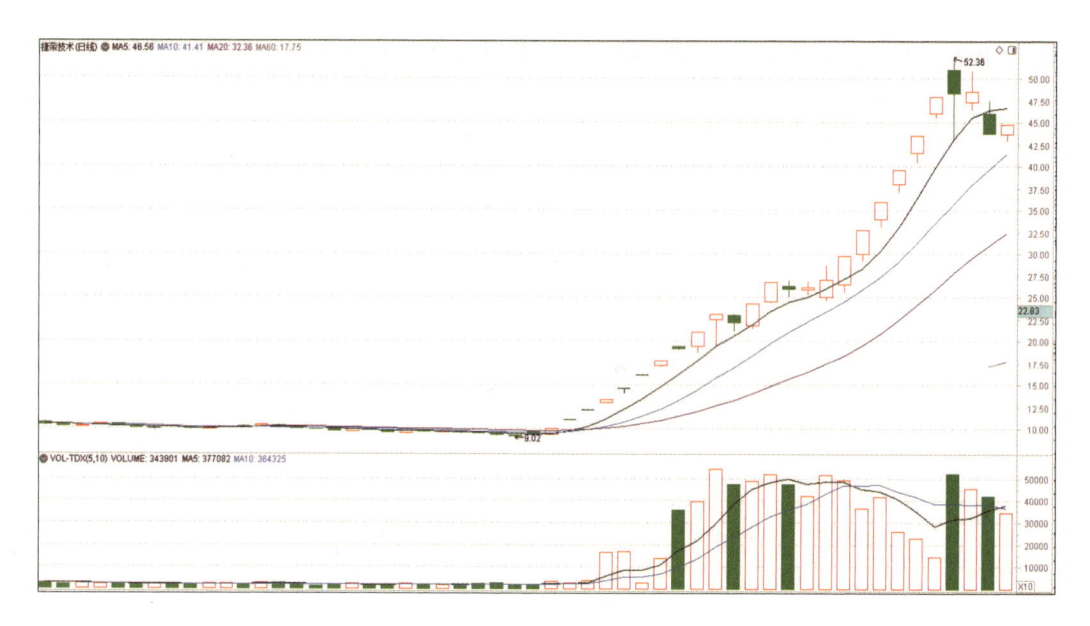

图1-17 捷荣技术（002855）日K线走势图

行业龙头：以20日线为趋势生命线。如宁德时代2023年第四季度的波段操作。

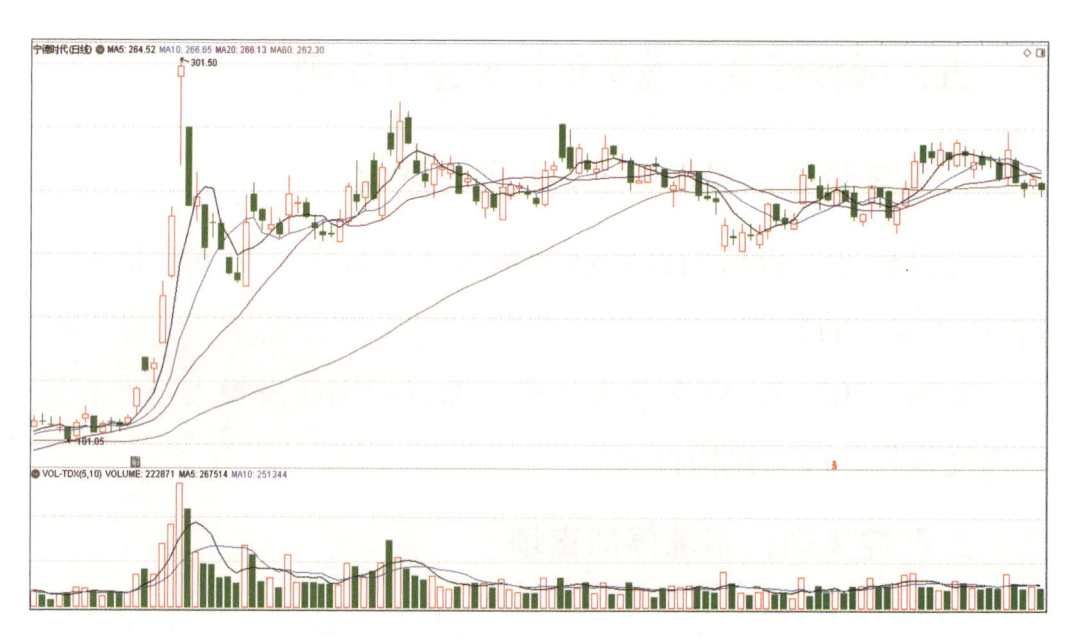

图1-18 宁德时代（300750）日K线走势图

3. 买分歧卖一致：情绪博弈核心技巧

（1）分歧买点。爆量烂板次日弱转强。如郑州煤电 2020 年 12 月 22 日烂板后，次日高开秒板。

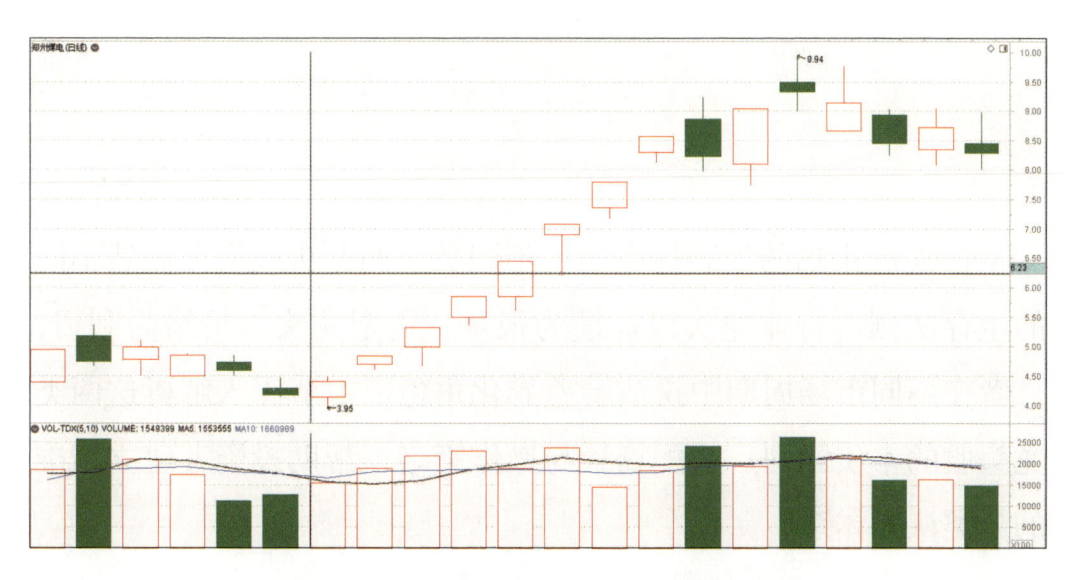

图 1-19　郑州煤电（600121）日 K 线走势图

（2）一致卖点。缩量加速涨停后次日高开低走。如美格智能 2022 年 8 月 18 日的见顶信号。

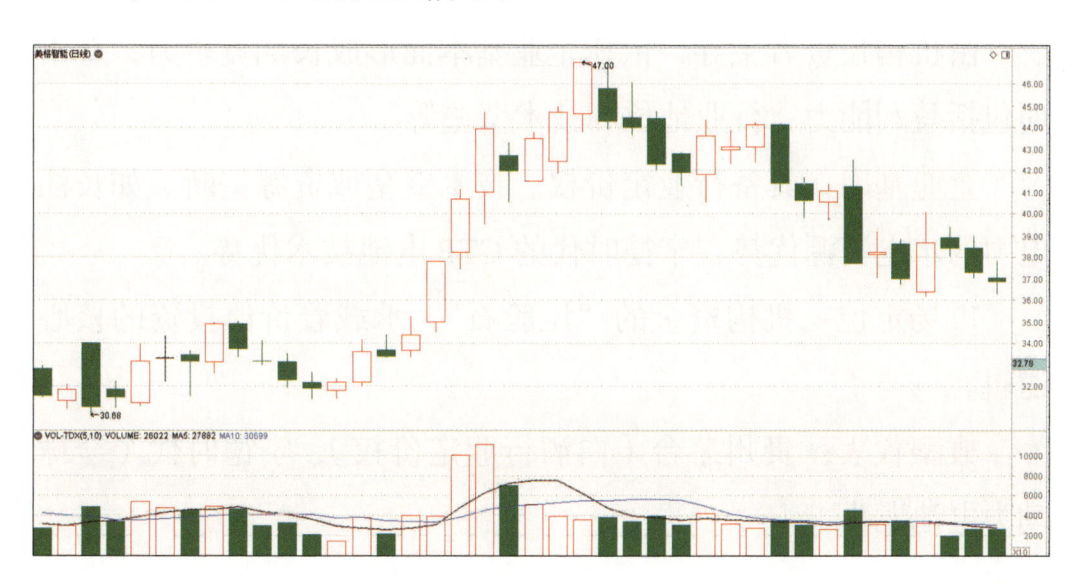

图 1-20　美格智能（002881）日 K 线走势图

第二节

龙头股的分类与市场角色

在A股市场的生态体系中，不同类别的龙头股遵循截然不同的生存法则。行业龙头以业绩为根基，资金龙头以情绪为利刃，二者在不同市场周期中扮演着差异化角色。本节深入解析这两类龙头股的本质区别、适配场景与操作策略，帮助投资者建立精准的分类认知体系。

一、龙头股的分类：价值驱动与情绪驱动

1.行业龙头（价值驱动型）

由机构投资者主导，依托企业基本面形成长期竞争力，基本面包括盈利能力、行业地位和技术壁垒等。

企业基因：具备行业定价权、技术壁垒或资源垄断。如长江电力的水电资源优势，宁德时代的CTP电池技术优势。

市场定位：机构资金的"压舱石"，承载着价值投资的核心逻辑。

典型代表：贵州茅台（白酒行业定价权）、宁德时代（全球动力电池龙头）。

2.资金龙头（情绪驱动型）

由游资与散户共同推动，依赖市场情绪与资金博弈形成短期爆发力。

市场功能：短期流动性的"催化剂"，承担题材炒作的领涨任务。

生存周期：与题材热度高度绑定，通常3～6个月完成一轮生命周期。

典型代表：襄阳轴承（2022年新能源汽车概念龙头）、郑州煤电（2021年煤炭周期妖股）。

3.两类龙头核心特征对比

表1-1　行业龙头与资金龙头核心特征对比

	行业龙头	资金龙头
驱动因素	业绩增长、估值修复	题材热度、情绪博弈
技术形态	趋势性上涨（依托20日、60日均线）	涨停板接力（沿5日均线加速）
量价关系	缩量上涨，放量调整	爆量逼空，缩量回调
持仓结构	机构占比超50%	游资与散户主导
经典案例	比亚迪（2023年）：营收同比增长42%，机构持仓占比62%	捷荣技术（2023年）：18个交易日涨幅230%，龙虎榜显示游资接力占比超80%

二、市场角色定位：两类龙头生态位差异

1.行业龙头的"稳定器"功能

行业龙头可以提供年化15%～30%的稳健收益，适合中长线投资者。

适用市场周期。牛市中期：机构资金推动估值提升。如2020年白酒牛市行情中，五粮液上涨320%。

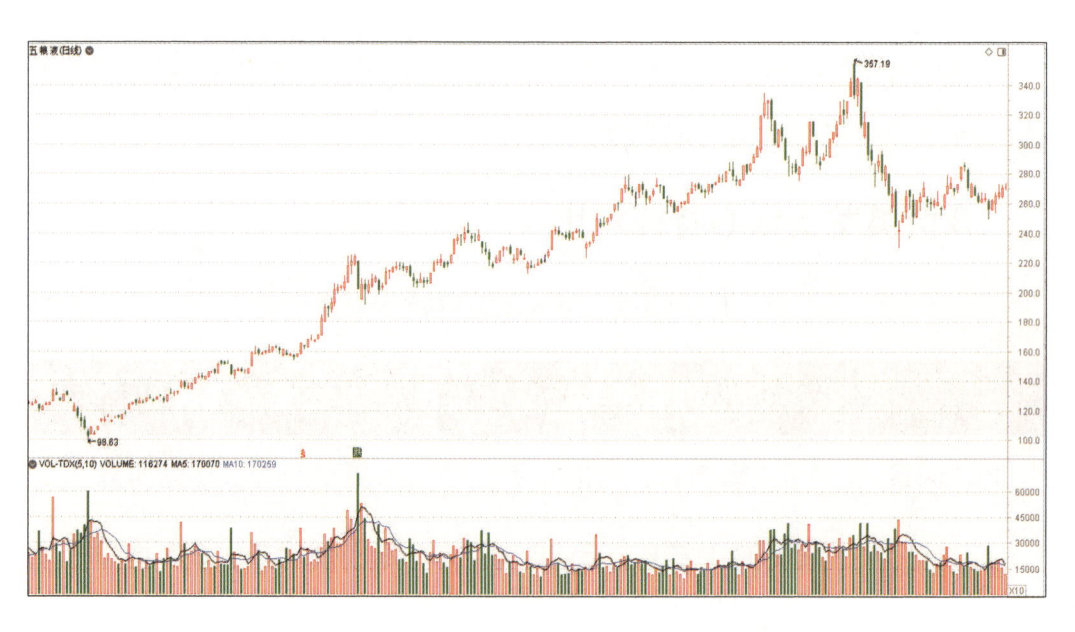

图1-21 五粮液（000858）日K线走势图

震荡市：业绩确定性提供安全边际。如2022年长江电力逆势上涨15%。

2.资金龙头的"温度计"功能

资金龙头可以短期实现30%～100%的涨幅，适合短线高手。

图1-22　长江电力（600900）日K线走势图

适用市场周期。题材爆发期：短期资金聚焦催生暴利机会。如2021年九安医疗因新冠检测概念短期内股价暴涨10倍。

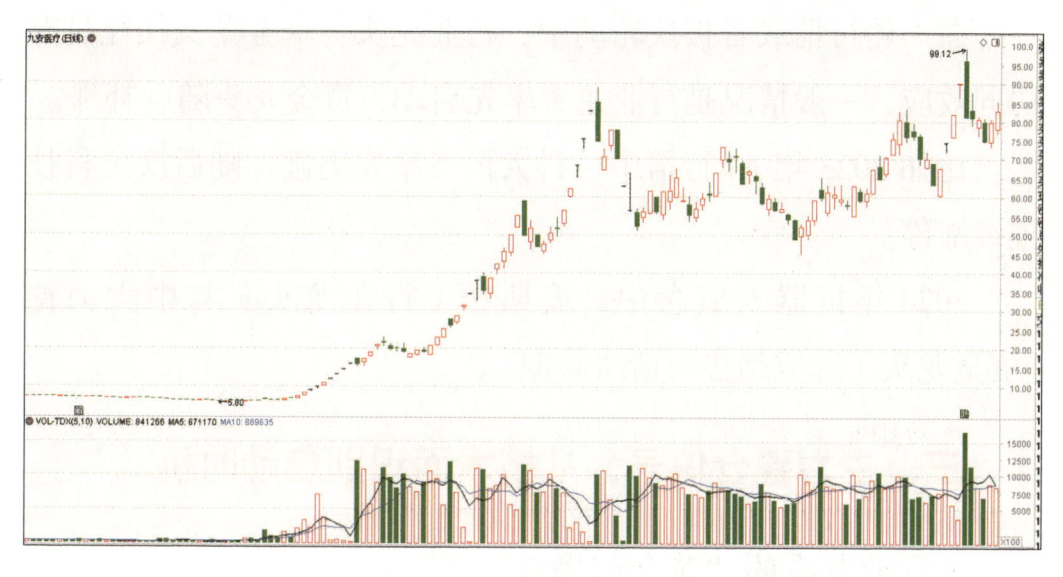

图1-23　九安医疗（002432）日K线走势图

情绪冰点期：逆势涨停激活市场人气。如2024年AI算力板块调整中，鸿博股份持续走强。

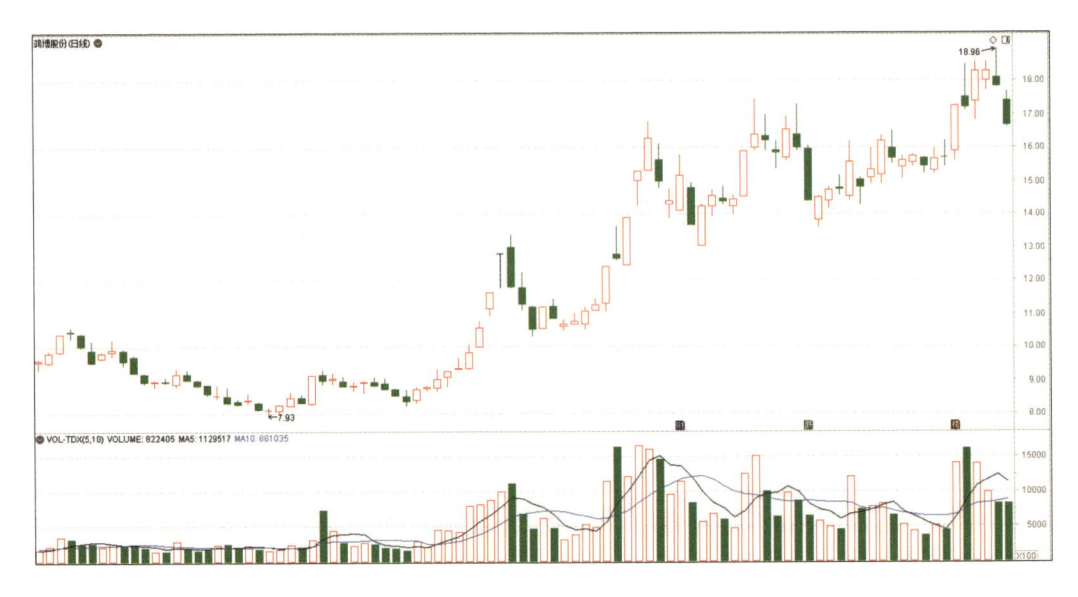

图1-24　鸿博股份（002229）日K线走势图

3.龙头共生

在一轮行情或者板块轮动中，行业龙头与资金龙头往往具有协同效应，一般情况是行业龙头率先启动，资金龙头随后补涨。

比如2023年AI行情中，科大讯飞率先突破，随后汉王科技连续涨停。

2024年机器人概念中，埃斯顿（行业龙头）与中大力德（资金龙头）形成趋势与情绪共振。

三、主力建仓信号：从技术面识别启动时机

1.行业龙头的"黄金起爆点"

建仓的三个阶段。

吸筹期：成交量萎缩至地量，MACD指标底背离。如2023年10月宗申动力的走势。

图1-25　宗申动力（001696）日K线走势图

试盘期：1个月内出现3次以上的长上影线。如2024年3月长安汽车的走势。

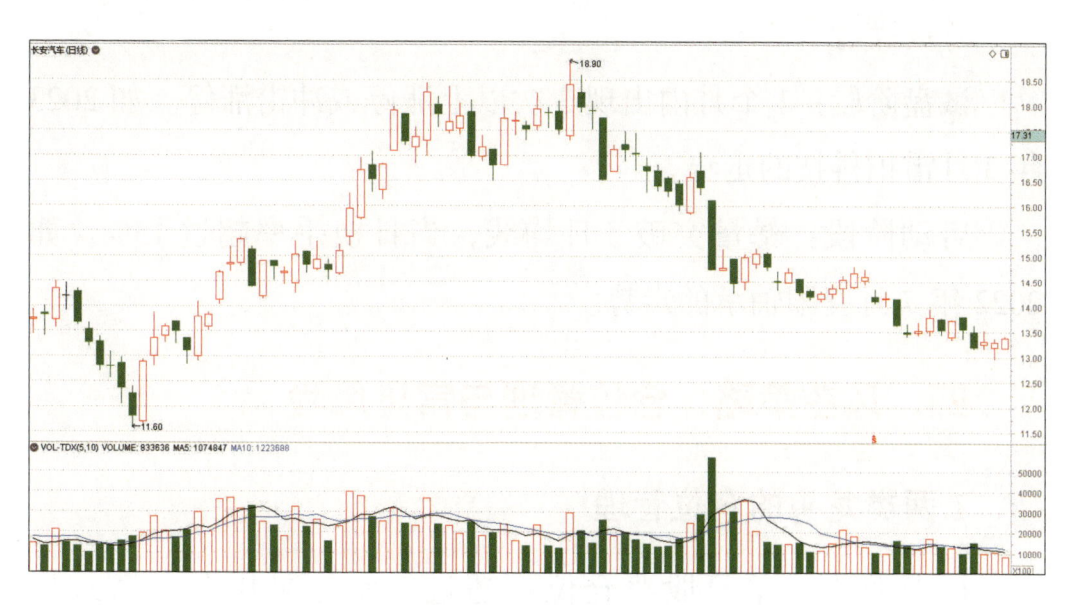

图1-26　长安汽车（000625）日K线走势图

突破期：缩量突破20日均线，当日涨幅超5%。如2023年4月中国科传的走势。

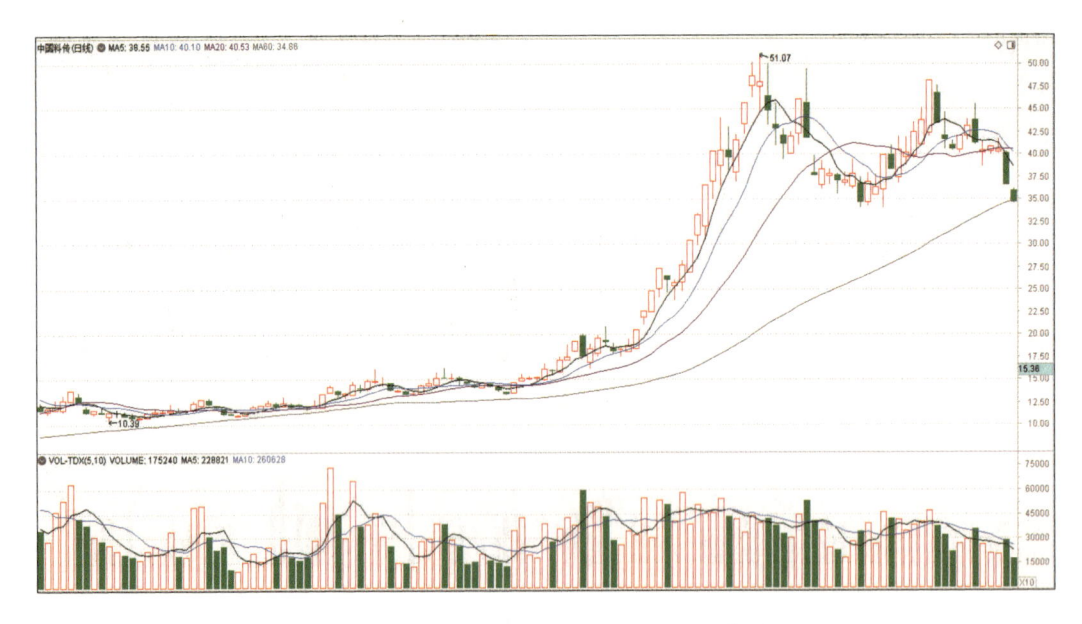

图1-27　中国科传（601858）日K线走势图

2.资金龙头的"情绪起爆点"

游资操盘手法。

试盘阶段：1个月内出现3次以上涨停或冲击涨停。如2023年3月雷柏科技的走势。

启动阶段：暴量突破5日均线，当日换手率超过15%。如2022年7月襄阳轴承的走势。

四、风控策略：仓位管理与常见风险

1.两类龙头的仓位管理

行业龙头：单只股票仓位不超过30%，采用金字塔式加仓法。

资金龙头：单只股票仓位控制在10%～20%，严格执行止损纪律。

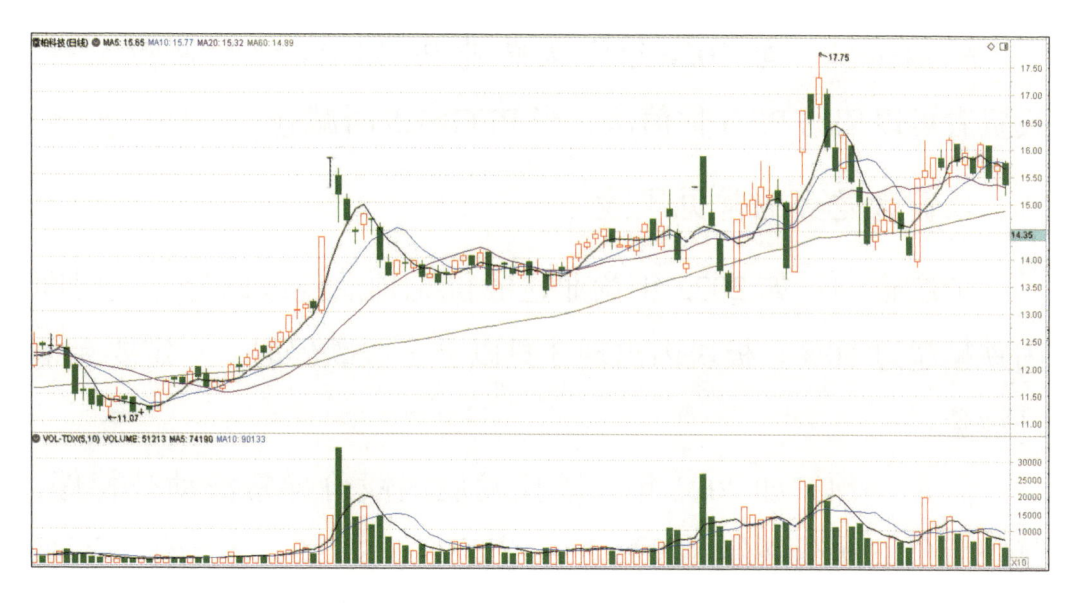

图1-28　雷柏科技（002577）日K线走势图

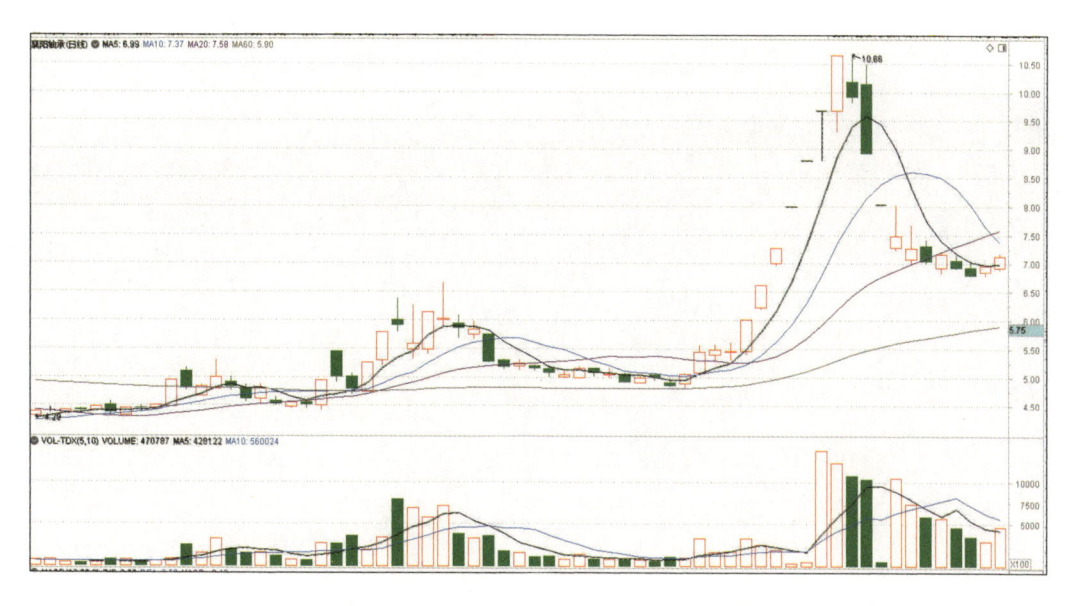

图1-29　襄阳轴承（000678）日K线走势图

2.行业龙头的常见陷阱

业绩变脸：如2021年长春高新因集采政策，净利润下滑50%，导致股价腰斩。投资者要定期跟踪财报，重点关注毛利率变化。

估值泡沫：如 2020 年海天味业 PE 超 100 倍后回调 40%。投资者可以依据 PEG 估值法，当 PEG>1.5 时减仓。

3.资金龙头的常见风险

情绪退潮：如 2022 年竞业达股价见顶后连续跌停，短时间内跌幅超过 60%。板块内出现 3 只以上个股跌停时，一定要无条件清仓。

监管干预：如 2021 年，顺控发展因股价异常波动被特停，复牌后仍旧连续跌停。投资者一定要避开 ST 股，不操作，不买卖。当股票被 ST 时，一定要及时卖出，不要抱有赌博心理。

第三节 主力行为解析

在A股市场博弈中,龙头股的诞生必然伴随着主力资金的深度参与。无论是机构主导的行业龙头,还是游资驱动的资金龙头,其股价异动背后,都隐藏着主力的运作轨迹。本节从主力行为分析入手,帮助投资者构建"主力存在→建仓信号→入场时机"的完整识别体系。

一、主力存在的核心标志:涨停板与大阳线

1.涨停板

涨停板是资金高度集中的体现,单日净流入资金占流通市值1%以上。比如2023年9月赛力斯3连板期间,北向资金与机构合计净买入12亿元,占总成交额的28%。

2.大阳线

连续收出3根涨幅超过5%的大阳线,并且成交量递增,这样的个股涨势才具有持续性。比如2023年10月宗申动力5连阳,成交量从2亿元放大至8亿元,主升浪涨幅高达80%。

二、主力成本区：主力建仓、洗盘、起爆密码

1.主力成本测算方法

（1）主力成本区的定义与构成。

本质属性。主力在吸筹阶段的平均持仓成本，通常为建仓周期（6～12个月）内的价格中枢。

比如2023年宗申动力在黄金起爆形态中，建仓期均价8.20元，主升浪最高涨幅达90%。

测算维度。黄金起爆形态：A浪（打压浪）→B浪（抢筹浪）→C浪（突破浪）的均价区间。

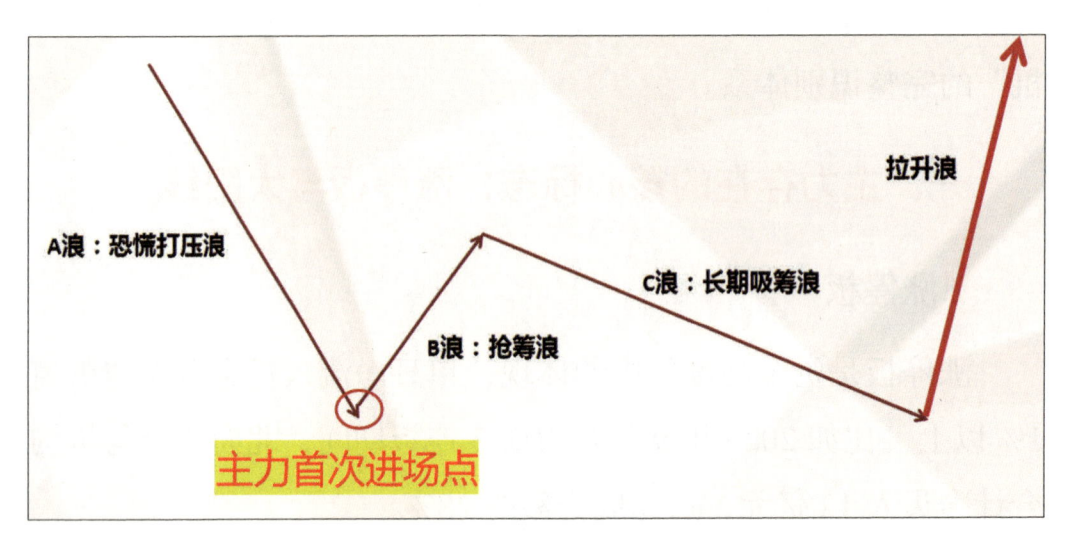

图1-30 黄金起爆形态

（2）量化公式与技术指标。

公式推导。

主力成本价=Σ（每日成交均价×成交量）/Σ成交量

例如，2023年10月，宗申动力日均成交价8.20元，成交量50亿元，计算得出成本价8.20元。

第一章　基础认知——龙头股的市场逻辑与主力行为

辅助指标。20日成本均线：反映中期持仓成本。如贵州茅台2020年回调至20日线后启动上涨。

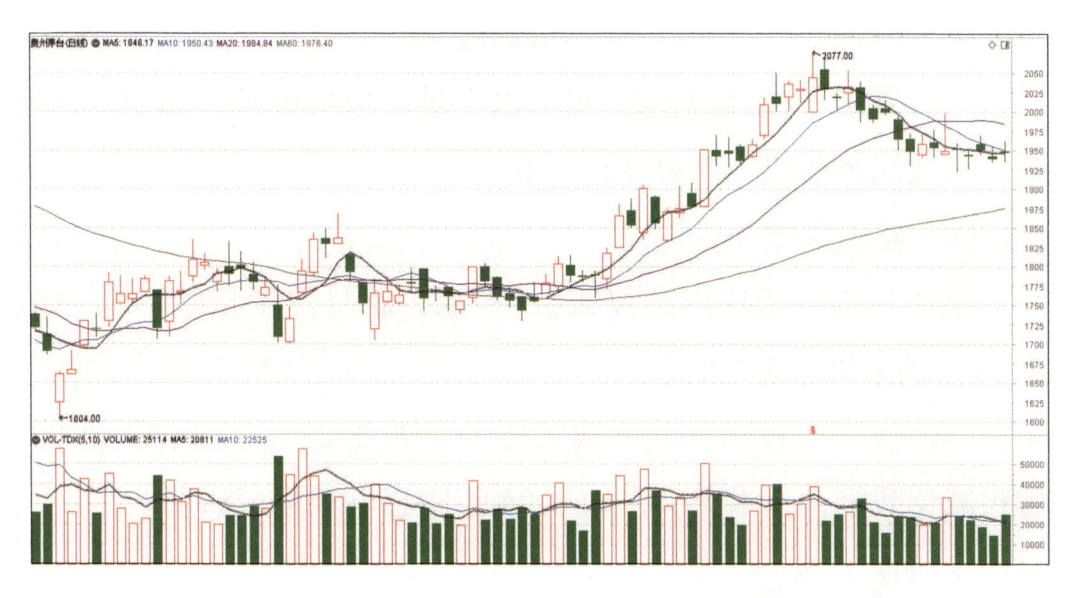

图1-31　贵州茅台（600519）日K线走势图

2.主力起爆四大必要条件

（1）异动信号验证。

涨停板密度。1个月内出现3次以上涨停或冲击涨停。如2024年2月雷柏科技的试盘动作。

量能突破。单日成交量超过120日均量线2倍以上。如2023年天风证券洗盘后暴量突破。

（2）洗盘充分标志。

后量过前量。调整阶段成交量超过前一波上涨量能。如2023年11月，天风证券洗盘后量能放大3倍。

筹码集中度。低位筹码集中度>70%。如2024年恒银科技起爆前的筹码分布。

（3）成本安全边际。

股价偏离度。股价回调至主力成本区 ±10% 内。如 2020 年贵州茅台回踩 20 日线时，成本偏离度 -8%。

风险警示。远离成本区 20% 以上的个股应谨慎。如 2022 年左江科技崩盘前成本偏离度达 200%。

（4）热点共振条件。

题材强度。板块内涨停家数 >5 家，题材热度指数 >80。如 2024 年鸿蒙概念爆发时。

其他政策或技术催化。政策驱动，如 2023 年新能源汽车购置税减免政策；技术突破，如 2024 年固态电池量产消息。

3.起爆点确认

（1）首次起爆。

突破主力成本区且分时走势弱转强。如 2024 年凤凰航运首板分时回封。

（2）二次起爆。

N 型回踩后放量反包。如 2024 年 10 月华映科技二次起爆。

表1-2 起爆点选股条件

信　号	选股条件
首次起爆	突破成本区+倍量+MACD指标金叉
二次起爆	反包阴线+换手率> 15%

三、换手率

换手率是指在某一特定时间内，某只股票的成交量与其总流通盘的比值。通俗地讲，就是股票转手买卖的频率，是反映股票流通性强弱的指标之一。

换手率可以帮助投资者及时发现和锁定主力行为，其具有以下特点。

（1）真实性。换手率基于成交量计算得出。市场中很多指标主力都可以造假，但成交量没办法造假。

（2）非滞后性。均线、MACD、KDJ等指标都有滞后性，很多时候股价涨了一大波了，这些指标才发出买入信号。但换手率不存在滞后的问题，当天就可以看出变化，使用起来非常高效。

（3）活跃性强。换手率开始走高，代表交易正在变得活跃。人们购买股票的意愿越强，股票热度越高，就越容易赚钱。

四、换手率五大定式

表1-3 换手率五大定式

换手率五大定式					
股票类型	普通股票		龙头妖股		
日换手率	<1%	1%~3%	3%~7%	7%~15%	>15%
股票状态	低迷状态	正常状态	活跃状态	高活跃状态	异常活跃状态
主力行为	无主力	无主力	主力开始现身	主力显现实力	主力强势运作

（续表）

股价走势	保持原有趋势运行	保持原有趋势运行	从低处开始走高	短期走势激烈允许回调	一直阳线上涨不许回调
操作方向	观望	观望	突破20日线波段介入	5日线	5日线

利用换手率五大定式，可以轻松选出处在转折点的股票。

第一步，选出换手率3%以上的股票，特别是7%以上的股票。

第二步，判断主力实力，根据520均线法则进行操作。

第二章

识别与启动信号
——发现真龙

第一节

集合竞价：捕捉主力动向的黄金窗口

在 A 股市场每天 2400 分钟的交易时段中，早盘集合竞价的 10 分钟堪称"黄金窗口"。这一阶段不仅决定了当日开盘价，更通过价格波动与成交量的博弈，反映出主力资金的真实意图。本节从规则解析、指标筛选到实战策略，构建完整的集合竞价交易体系，帮助投资者抢占市场先机。

一、集合竞价的定义与市场功能

1.定义

（1）集合竞价。

集合竞价就是在当天开盘之前，投资者可根据前一天的收盘价和对当日股市的预测输入股票价格。在集合竞价时间里输入计算机主机的所有下单，按照价格优先和时间优先的原则，计算出成交量最大的价格，这个价格就是集合竞价的成交价格，这个过程称为集合竞价。

（2）连续竞价。

连续竞价是指对申报的每一笔买卖委托，由电脑交易系统按照以下两种情况产生成交价：最高买进申报与最低卖出申报价格相同，则该价格为成交价格；买入申报高于卖出申报时，申报在先的价格为成交价格。

2. 市场功能

集合竞价阶段往往隐含着主力资金当日运作意图的一些信息。投资者认真、细致地分析集合竞价情况，可以及早进入状态，熟悉最新的交易信息，敏锐发现并抓住集合竞价中出现的某些稍纵即逝的机会，果断出击，提高涨停板的捕捉概率。

一般情况下，如果某只股票在前一交易日是上涨走势，收盘时未成交的买单量很大，次日集合竞价时又跳空走高，并且买单量很大，那么这只股票发展为涨停的可能性就很大。投资者可以通过K线组合、均线系统等综合分析，在确认该股具备涨停的一些特征之后，果断挂单，参与竞价买入。也可以依据当天集合竞价时的即时排行榜选择新的标的，以期捕捉到最具上涨潜力的股票，获得比较满意的投资效果。

分析中，在观察股票集合竞价情况时，务必要结合该股前一交易日收盘时滞留的买单量，特别是第一买单聚集的挂单量，这对当天捕捉涨停板能够起到积极的作用。

二、集合竞价交易规则

1. 集合竞价阶段

沪深开放式集合竞价时间为9:15—9:30，14:57—15:00。

9:15—9:20可以接受申报，也可以撤销申报。

9:20—9:25可以接受申报，但不可以撤销申报。

9:25—9:30可以接受申报，但暂停交易委托申报。

2.成交原则

价格优先：涨停价买单优先于普通价买单。

时间优先：同一价格下，申报时间早者优先成交。

数量优先：大笔订单优先于零散订单。

集合竞价依照"价格优先、时间优先"的原则成交，如果申报价格相同，那么谁申报得早，谁先成交。申报买卖手数的大小不是竞价成交的决定性因素。

有些投资者认为"庄家申报手数大，他可以先成交；中小散户申报的手数小，不能成交"，这种看法是没有根据的。

3.晚上挂单规则

股票最早可以在上一个交易日晚上9:30以后挂单。一般来说，证券公司在当天交易清算结束后，就接受下一个交易日的委托挂单。一般当天交易清算完毕的时间是在晚上9:30以后。

周末和法定节假日的最后一个交易日，部分证券公司在当天晚上是不接受提前挂单的。如果挂单的股票第二天停牌，那么提前挂单无效，券商会在开市后将委托单予以作废处理。

4.撤单规则

关于股票撤单有效时间，证交所规定如下。

9:15—9:20，可以撤单，9:15以前的撤单请求也从9:15开始受理。

9:20—9:25，不接受撤单申报。

9:25—9:30，可以撤单。

9:30—11:30，可以撤单。

11:30—13:00，可申报撤单，但证交所暂不受理，处于"已报待撤"状态。13:00后开始受理，按时间顺序先受理买卖委托，如申报的订单已成交，在受理撤单请求时，则不会撤单成功。

13:00—15:00 可以撤单，深市最后 3 分钟即 14:57—15:00 为集合竞价阶段，该阶段不能撤单。

15:00 收盘以后，没有成交的委托自动作废，无需撤单，但必须要等待清算结束后，资金才会解冻回到账户中。

5.集合竞价买卖技巧

（1）集合竞价阶段买入股票。

集合竞价过程中，如果想买到股票，一定要挂出比基准价高的价格，比如涨停价，这个时候大概率会成功买入。

9:25 形成开盘价后，再挂单就属于连续竞价，千万别把它当成集合竞价阶段。

（2）集合竞价阶段卖出股票。

集合竞价过程中，如果想卖出股票，一定要挂出比基准价低的价格，比如跌停价，这个时候大概率会成功卖出。

9:25 形成开盘价后，再挂单就属于连续竞价，千万别把它当成集合竞价阶段。

三、经典竞价形态解析

1.一字型集合竞价

一字型集合竞价，就是从集合竞价开始，股价始终在一个价格，没有出现上下波动。

原因：主力刻意打压或者抬升股价以控制开盘价，达到操盘的目的。

交易规则：高开是一字型竞价战法的必要条件，低开则直接放弃。

成功率：高开的一字型竞价，当日大涨或者涨停的概率很高。

优选：出现未匹配量为买方的最好。

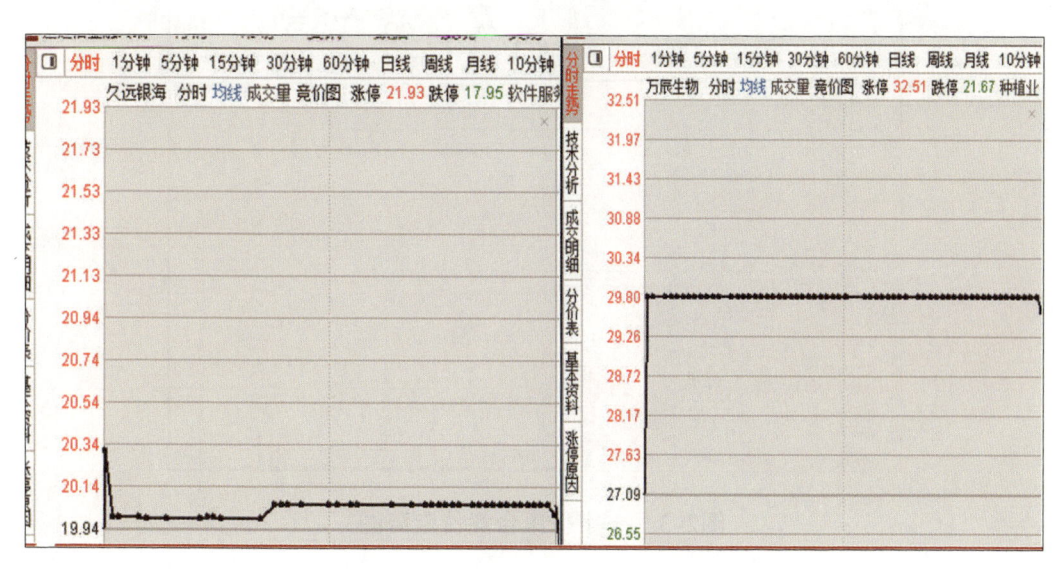

图2-1 一字型集合竞价走势图1

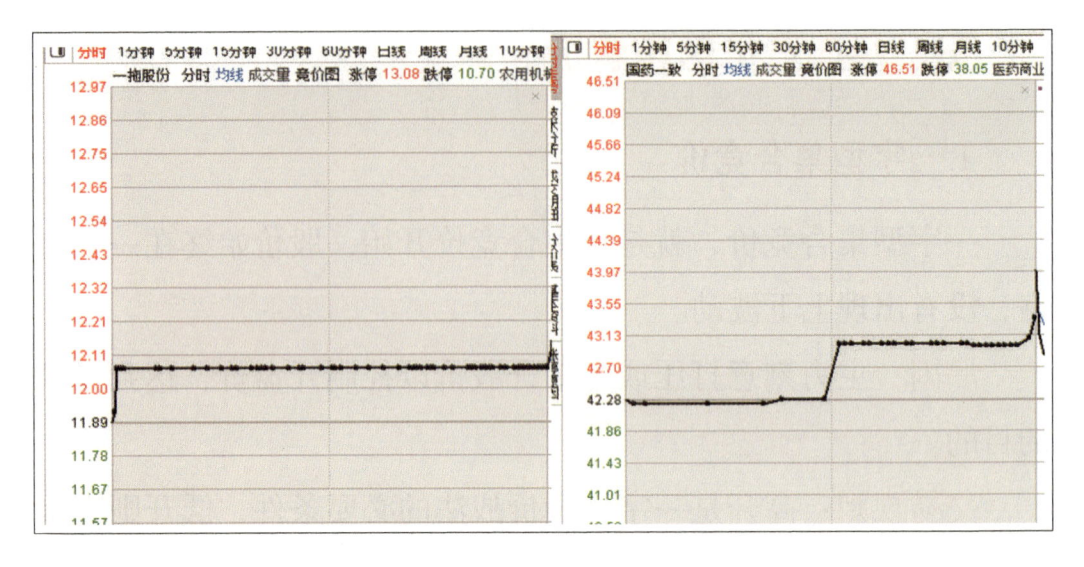

图2-2　一字型集合竞价走势图2

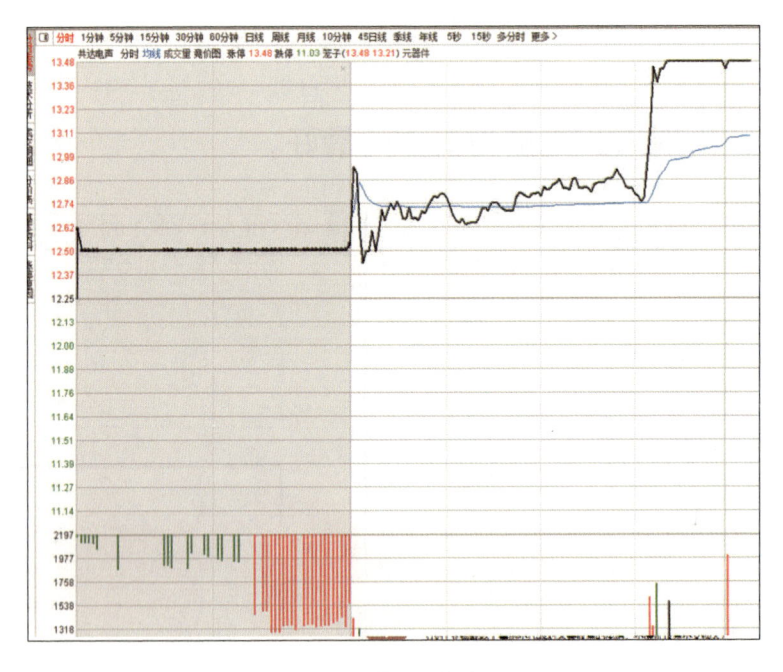

图2-3　一字型集合竞价走势图3

2.阶梯型集合竞价

阶梯型竞价，就是从集合竞价开始，股价像楼梯的阶梯一样，出现向上或向下的波动。

原因：主力抢筹或者急于出货。

分类：上阶梯和下阶梯。

成功率：高开的阶梯型竞价，当日大涨或者涨停的概率很高。

优选：出现未匹配量为买方的最好。

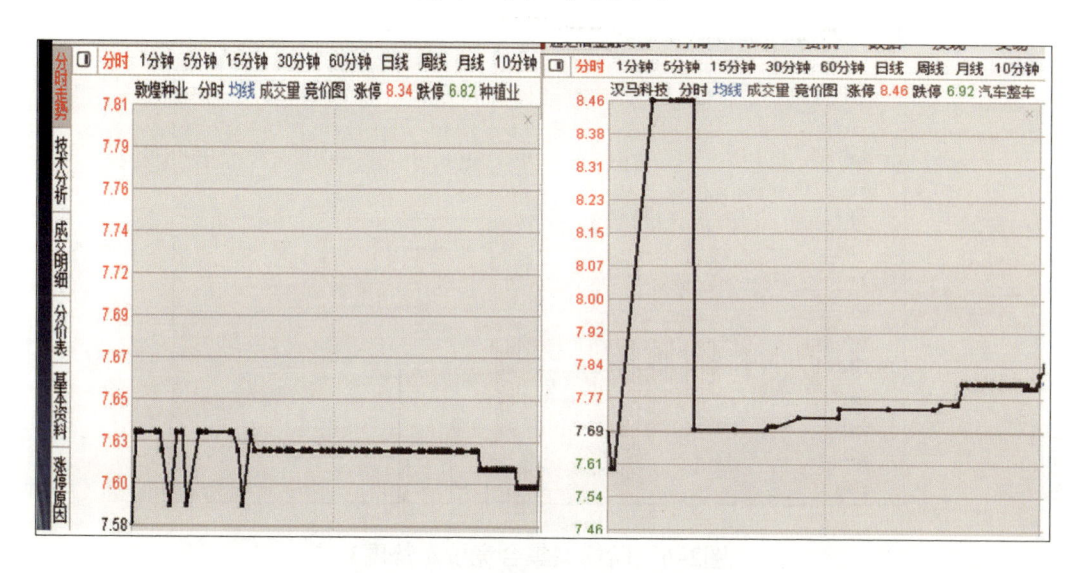

图2-4 阶梯型集合竞价走势图1

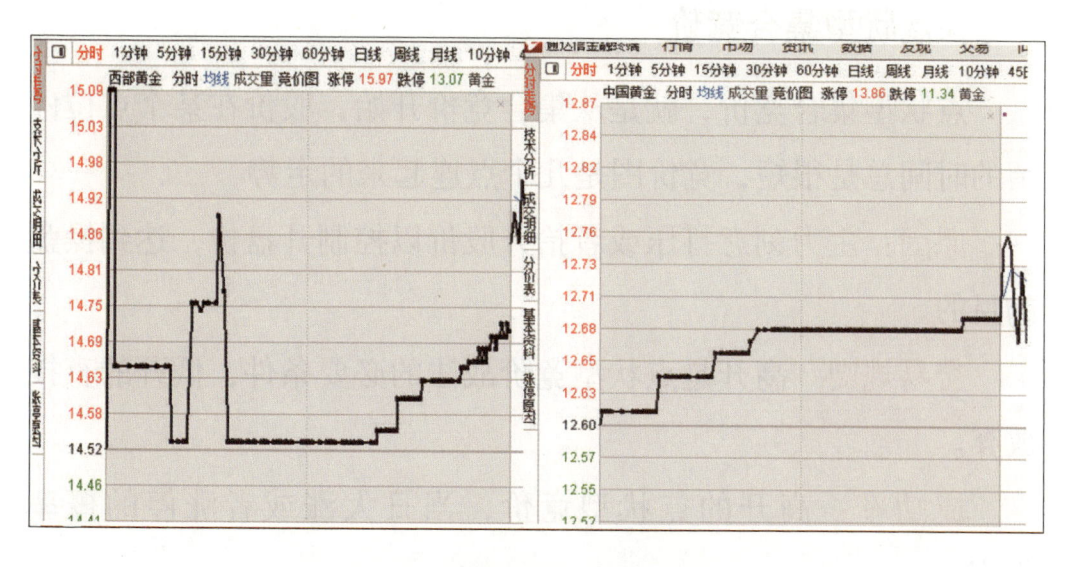

图2-5 阶梯型集合竞价走势图2

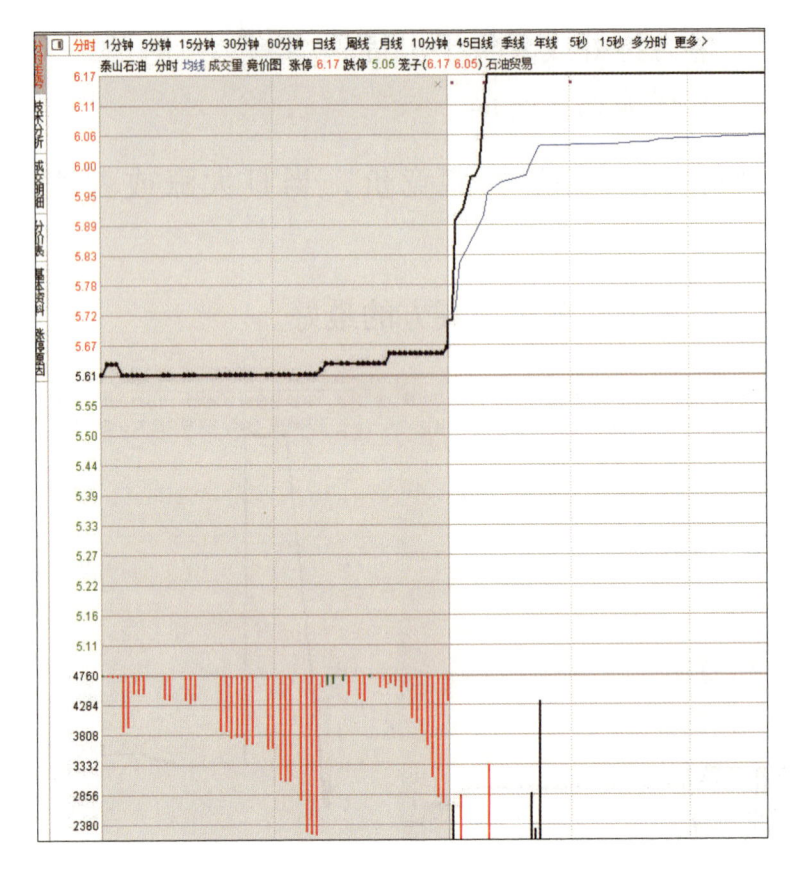

图2-6　阶梯型集合竞价走势图3

3.点状型集合竞价

点状型集合竞价，就是从集合竞价开始，股价在某个点位停留的时间总是很短，竞价图是几个点连起来的走势。

原因：主力刻意打压或者抬升股价以控制开盘价，达到操盘的目的。

交易规则：高开是点状型竞价战法的必要条件，低开的直接放弃。

成功率：高开的点状型竞价，当日大涨或者涨停的概率很高。

优选：出现未匹配量为买方的最好。

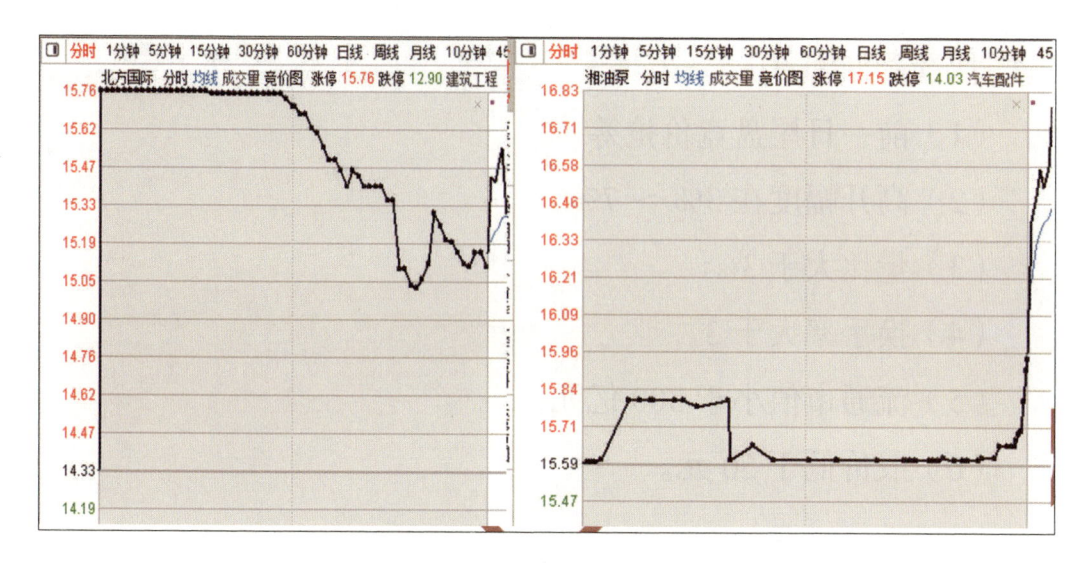

图2-7　点状型集合竞价走势图1

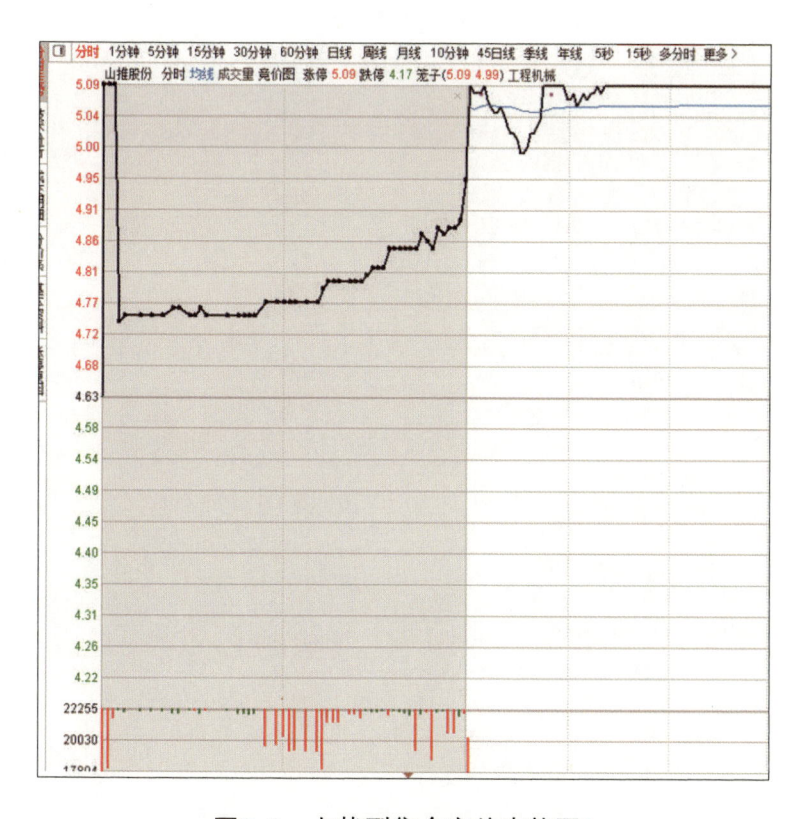

图2-8　点状型集合竞价走势图2

四、集合竞价优选股票

优选条件如下。

（1）前一日尾盘竞价抢筹。

（2）高开幅度在 3%～7%。

（3）量比大于 3。

（4）换手率大于 3。

（5）流通市值小于 300 亿元。

（6）股价低于 50 元。

第二节

分时图狙击：捕捉涨停板的黄金窗口

分时图如同金融市场的"心电图"，能为投资者提供微观视角的实时数据。主力往往急于拉升，拉升时间紧，操盘任务重，其目的是诱骗散户交出筹码。主力常常通过分时图涨停走势达成操盘的目的。

一、如何正确观察分时图

黑色曲线：表示股价每分钟的变化趋势。

蓝色曲线：代表均价曲线，具有指引操作的作用。

红绿柱线：在曲线图下方，表示每1分钟的成交量。

二、分时涨停的本质与主力意图

1.主力洗盘终极目标

通过分时图快速涨停完成日内洗盘，清理浮筹，减小后续拉升的阻力。

主力控盘信号：涨停封板后抛压极小，显示筹码高度集中。

2.分时图涨停优势

高效性：日内完成吸筹、洗盘、拉升，节省主力资金成本。

迷惑性：利用分时波动制造恐慌或贪婪情绪，诱导散户错误操作。

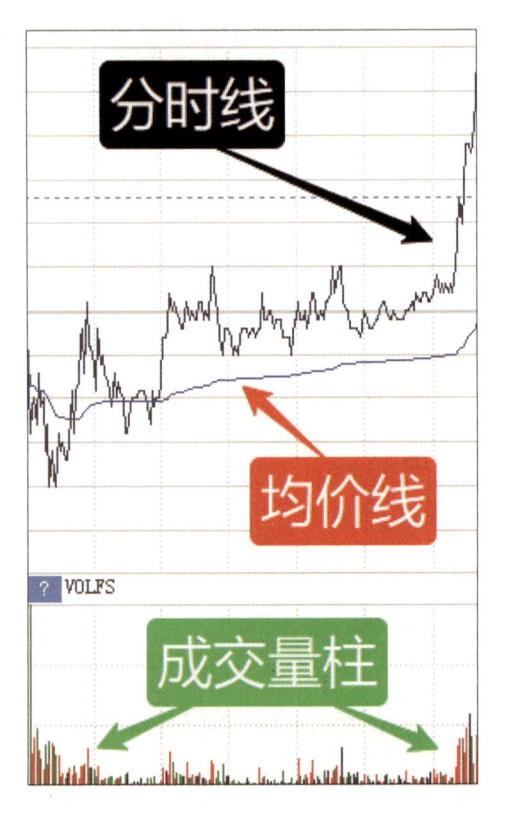

图2-9　分时图图示

三、分时涨停六大类型

1.一字型

特征：开盘即封涨停，全天股价无波动，代表主力绝对控盘。
操作：高开一字型可参与打板，低开则放弃。

2.直线型

特征：开盘后快速直线拉升封板，拉升中间无回调。
逻辑：主力抢筹明显，资金一致性极强。

第二章 识别与启动信号——发现真龙

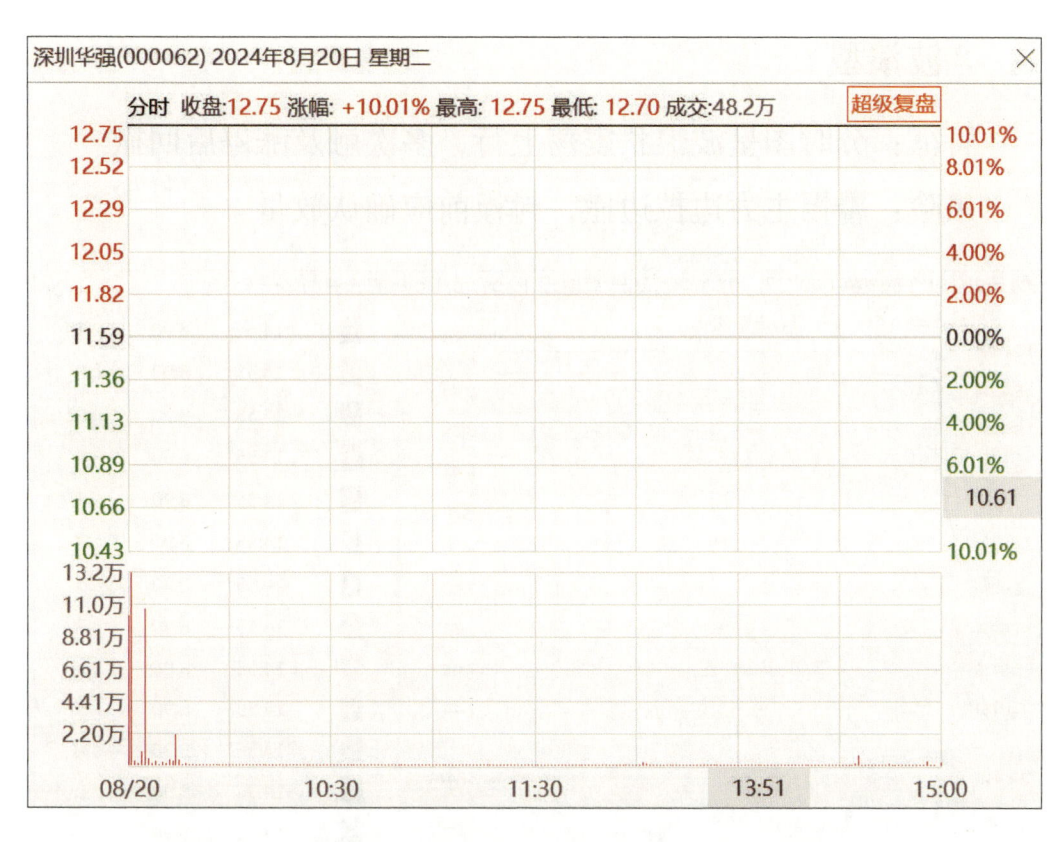

图2-10 深圳华强（000062）分时走势图（2024年8月20日）

图2-11 动力源（600405）分时走势图（2022年8月26日）

·45·

3.波浪型

特征：分时图呈波浪状震荡上行，多次触及涨停后回撤。

风险：警惕主力边拉边撤，封板前应确认放量。

图2-12　深南电A（000037）分时走势图（2022年8月26日）

4.推土机型

特征：分时图上股价缓慢推升，类似推土机式上涨，最终封板。

意义：主力稳健吸筹，后续往往伴随主升浪。

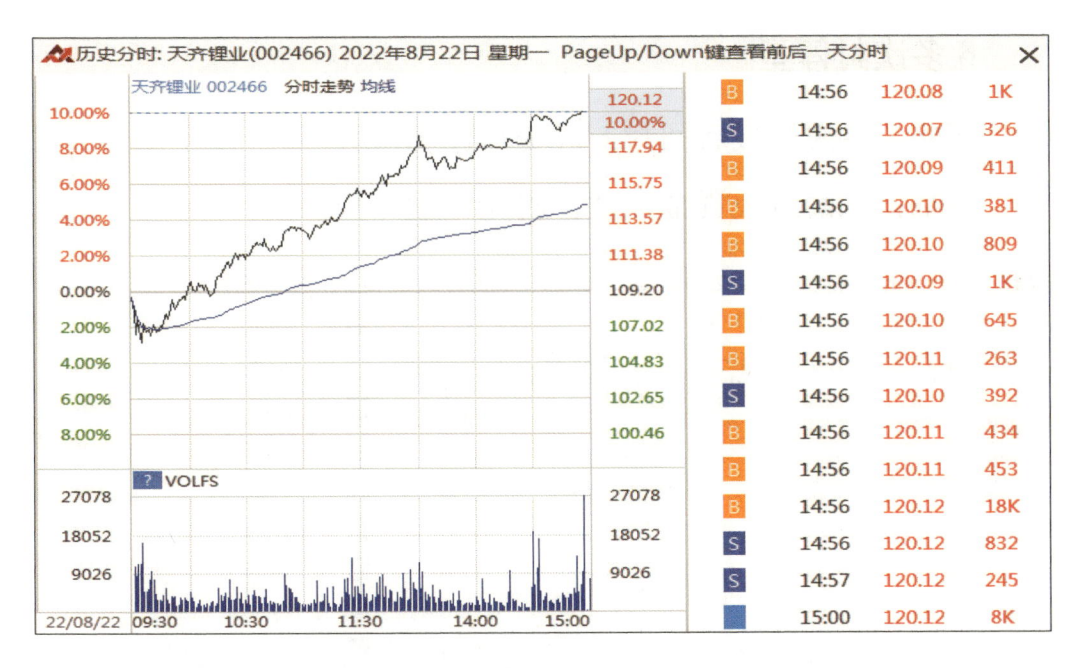

图2-13　天齐锂业（002466）分时走势图（2022年8月22日）

5.二封型

特征：首次封板后炸板，二次放量回封。

机会：二次封板时介入，成功率较高。

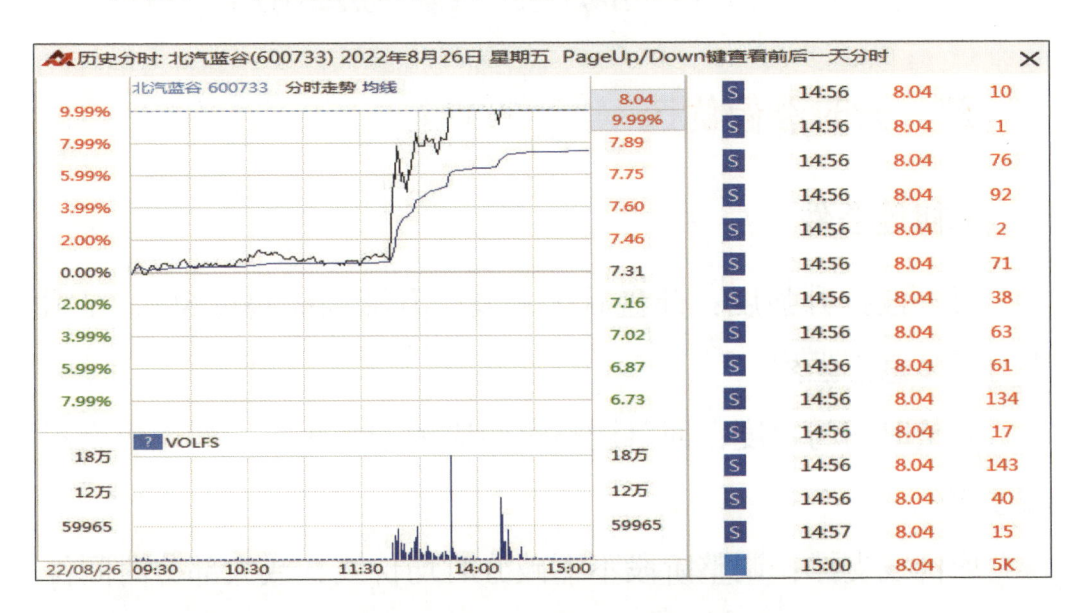

图2-14　北汽蓝谷（600733）分时走势图（2022年8月26日）

6.多次封停型

特征：多次开板后回封，成交量逐次放大。

策略：观察封板资金强度，避免尾盘炸板风险。

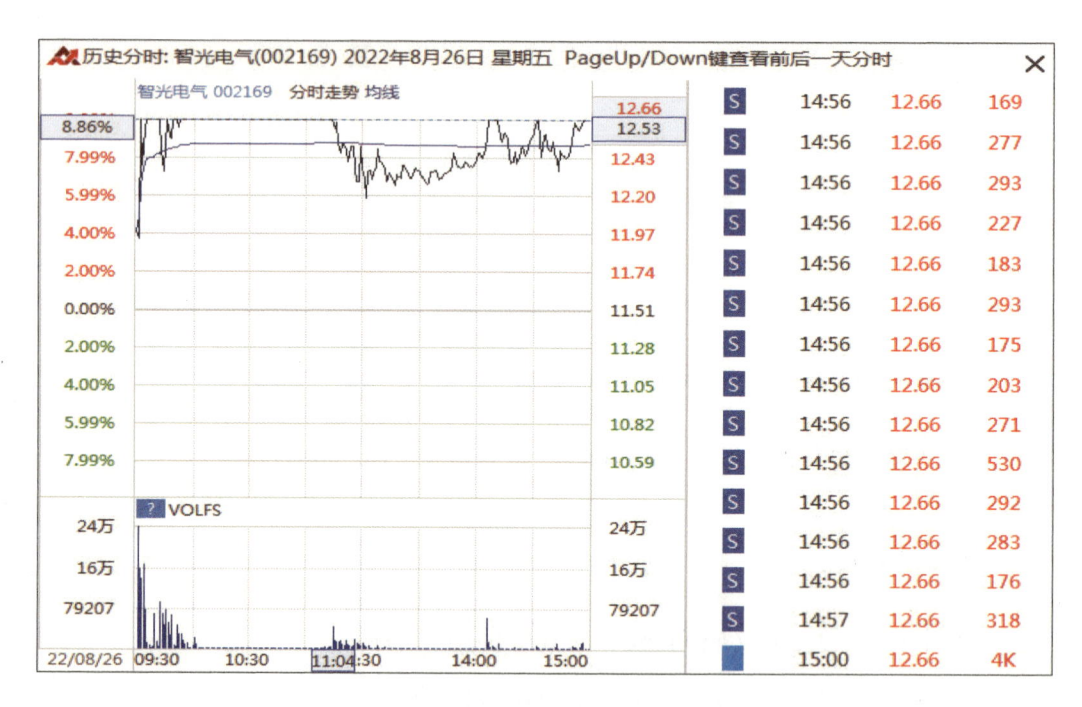

图2-15　智光电气（002169）分时走势图（2022年8月26日）

四、分时涨停优选

1.初选条件

第一波拉升强度：开盘后第一波拉升涨幅应超过8%，显示主力做多意愿强烈。

调整时间与幅度：回落调整时间应大于半小时，回撤幅度不超过5%。

均价线支撑：调整阶段不下破分时均价线，或大部分时间位于均价线上方。

2.优选信号

（1）第一波拉升最好触及涨停。

（2）从高点回落幅度不大于5%，幅度越小越好。

（3）分时图调整最好不下破分时图均价线，或者大部分时间在均价线上方。

（4）最好上午收盘之前就能封住涨停，14点以后封停表明走势较弱。

（5）第一波拉升缩量，二次拉升封涨停必须放量，且成交量大于第一波拉升量。

五、分时涨停买卖点

1.买点策略

激进买点。 回调不破支撑：分时图回调至均价线或前低附近，且量能萎缩时介入。

确定性买点。 封板瞬间打板：二次封板时挂涨停价买入，确保成交优先级。

2.卖点纪律

炸板次日。 若当日封板后炸板走低，次日开盘未反包涨停，则清仓。

低开应对。 次日低开 -3% 以内，反弹至成本线附近减仓；低开超 -5%，直接止损。

高开止盈。 次日高开 3% 以上，冲高回落或跌破分时均线时逐步离场。

强制止损。总亏损达 5%～8% 时,无条件卖出,严守风控底线。

六、分时出货形态识别

1.核按钮

特征:开盘后股价直线跳水,封死跌停。

逻辑:主力不计成本抛售,应第一时间止损。

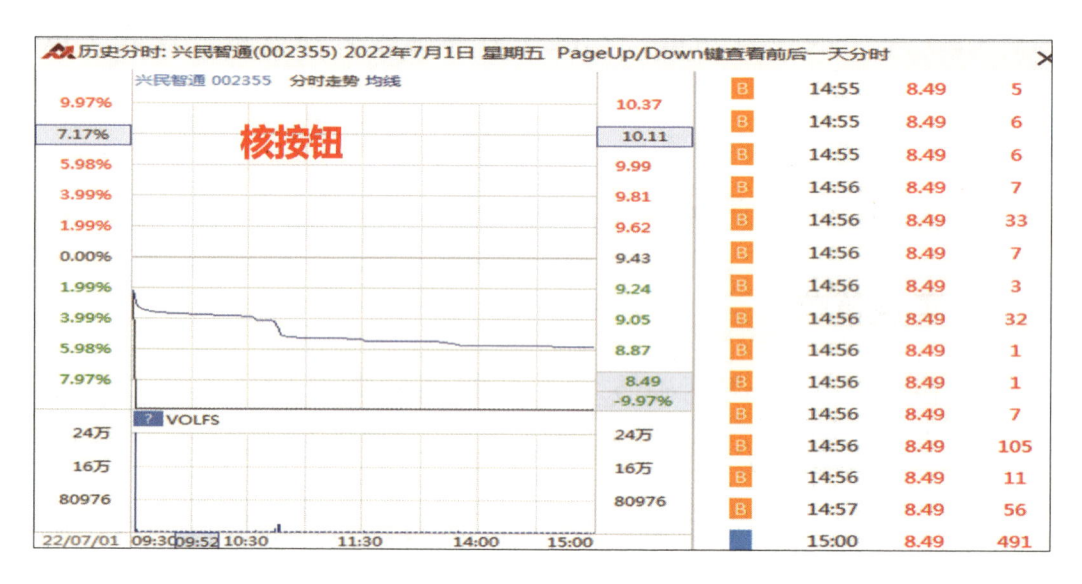

图2-16　兴民智通(002355)分时走势图(2022年7月1日)

2.钓鱼线

特征:股价快速拉升后急速回落,分时图呈"倒V"形态。

陷阱:诱多后套牢追高盘,清仓信号明确。

图2-17 中通客车（000957）分时走势图（2022年7月19日）

3.对倒线

特征：分时成交量忽大忽小，股价波动无序。

目的：主力通过对倒制造交易活跃假象，掩护出货。

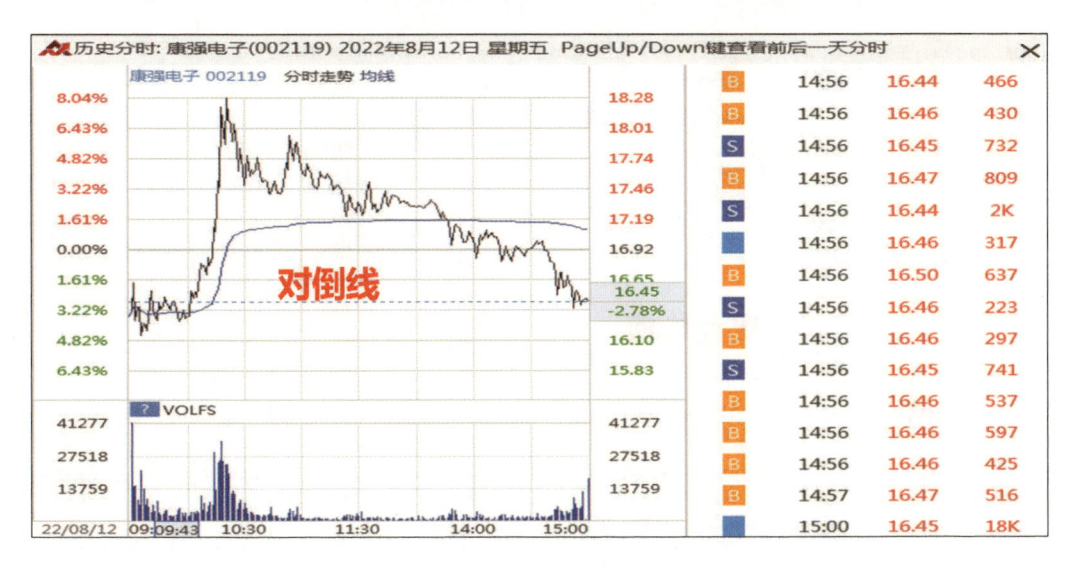

图2-18 康强电子（002119）分时走势图（2022年8月12日）

4.尾盘拉升线

特征：收盘前突然拉升或炸板，表明无实质资金支撑。

风险：次日低开概率极高，应避免参与。

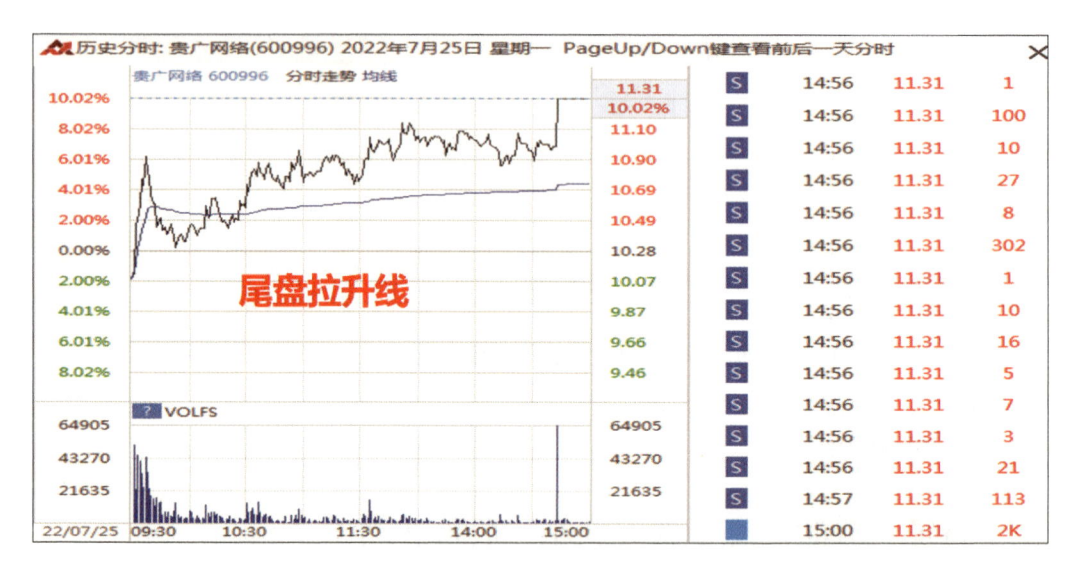

图2-19　贵广网络（600996）分时走势图（2022年7月25日）

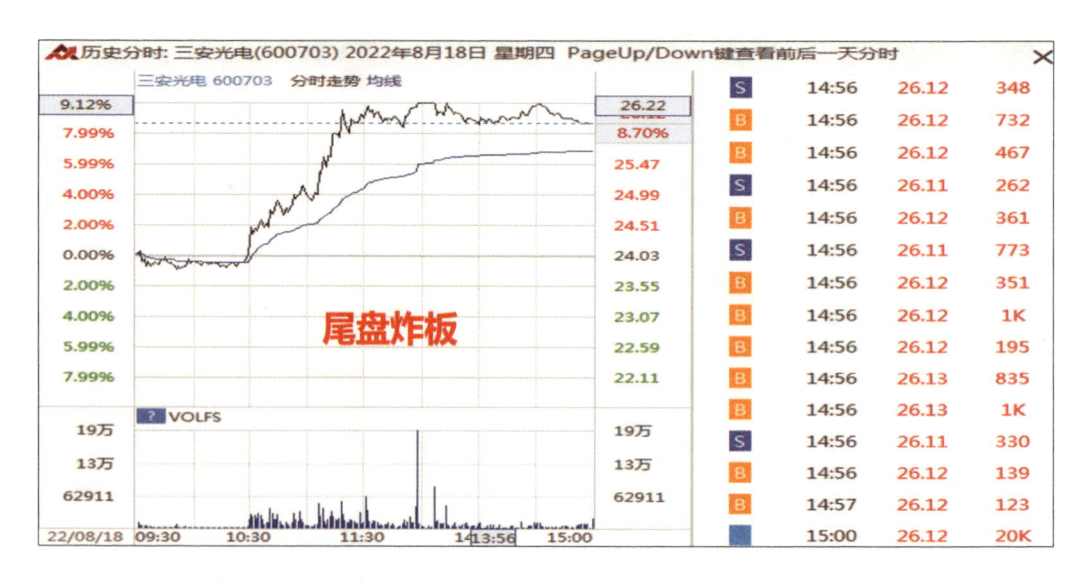

图2-20　三安光电（600703）分时走势图（2022年8月18日）

第三节 底部信号：主力建仓的蛛丝马迹

一、主力建仓的隐蔽性特征

1."静悄悄"的建仓信号

K线形态：连续小阳线缓步推升，避免拉出大阳线引发市场关注。

成交量特征：温和放量形成"堆量"，单日换手率控制在3%~5%。

价格波动：日振幅低于5%，减少跟风盘介入机会。

2.主力规避散户跟风策略

利用信息差：通过延迟发布研报、释放利空消息等手段压制股价。

制造情绪差：在关键位置制造假突破或假跌破，清洗浮筹。

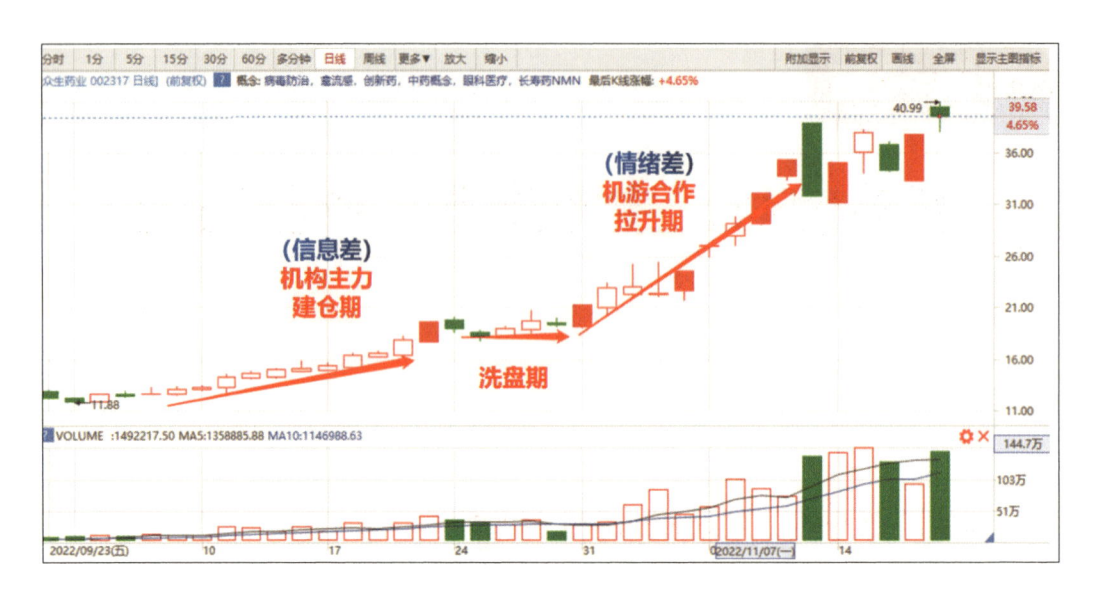

图2-21 众生药业（002317）日K线走势图

二、建仓阶段的量价验证

量价配合的核心原则。

量在价先：成交量持续放大先于股价突破，显示主力吸筹的决心。

堆量结构：连续5～10个交易日成交量高于前期均值，形成"量堆"。

三、小阳线的建仓策略：捕捉主升浪的核心方法

1.小阳线的定义与市场意义

（1）技术标准。

形态要求：连续3日以上收盘价高于前日收盘价，单日涨幅小于5%。

量能要求：日均换手率3%～5%，无单日异常放量。

（2）主力意图解读。

低调吸筹：避免吸引跟风盘，降低建仓成本。

控盘测试：通过小阳线测试市场抛压，为后续拉升做准备。

2.小阳线建仓实战操作

（1）相对低位，前期没有主力入场（下跌减缓）。

（2）小阳线潜伏建仓时，K线走势连续性相对较好。

（3）成交量较之前明显放大，而且是大量和堆量。

（4）有机会活跃的板块：热点题材和权重蓝筹。

（5）大阳线加速、探底回升，止损点为大阳线低点或回调企稳的低点。

3.买点策略

左侧低吸：在股价突破前期盘整平台前介入，成本低但风险较高，应严格止损。

右侧追高：突破盘整平台后回踩确认时介入，成本高但成功率也高。

第四节

连板基因：龙头妖股的启动密码

一、龙头妖股的走势特点

（1）3板出龙头，5板出妖股。

（2）对整个热点炒作带动作用强，具有领袖气质。

（3）板块内部早"生"后"死"，辨识度高，人气高。

（4）真正的龙头股都会给交易者上车机会，以实体涨停拉升为主。

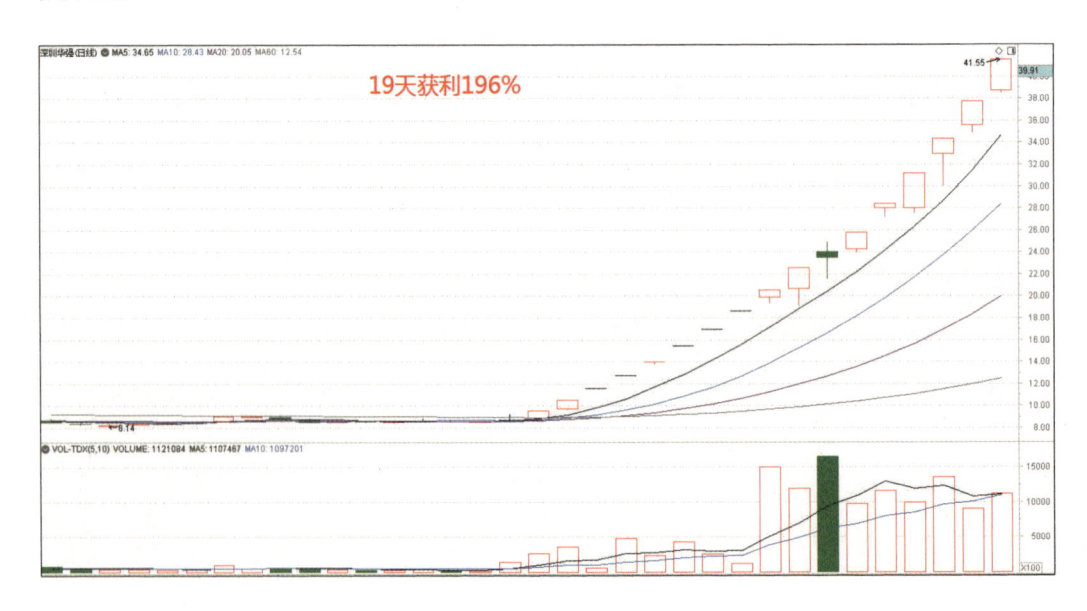

图2-22 深圳华强（000062）日K线走势图

二、龙头妖股的基本特征

（1）龙头股是一段时间内涨停最多的股票，与基本面业绩关系不大。

（2）涨停板越多的龙头股，人气越高，股性越好。

（3）大多数顶级龙头都有龙回头，要么走第二波，要么做双顶。

（4）板块内其他股票都是为龙头服务的，都要看龙头的"脸色"。

（5）如果买了跟风股，有赚就出，没赚也要出，亏钱更要出。跟风股一定先于龙头倒掉。

三、涨停板的分类

涨停板是股票市场中股价达到当日涨幅限制（通常为10%，ST股为5%）的现象。根据不同的涨停表现形式和市场特征，涨停板可分为以下几类。

1.按时间分类

（1）开盘涨停。

股票开盘即直接触及涨停价，通常由突发利好（如重组、业绩超预期）或板块集体走强引发。

特点：市场炒作情绪强烈，资金抢筹明显，次日延续上涨的概率较高。

（2）盘中涨停。

股价在交易时段内逐步拉升至涨停，可能伴随成交量放大。

特点：常见于资金推动或消息刺激，应结合分时走势判断上涨持续性。

（3）尾盘涨停。

股价在收盘前半小时内快速封板，这种情况可能由主力资金偷袭或突发利好消息影响。

特点：警惕次日低开风险，尤其在弱势市场中，可能是主力出货信号。

2.按封单强度分类

（1）大单封死涨停。

涨停价位上堆积大量买单（如百万手级别），卖盘稀少。

特点：市场一致看多，后续上涨空间较大，常见于龙头股或重大利好股。

（2）小单封板或多次开板。

封单量较小，或涨停后被多次打开（如炸板）。

特点：资金分歧较大，可能面临抛压，应结合成交量和板块热度判断风险。

3.按涨停原因分类

（1）利好驱动型。

因公司业绩增长、并购重组、政策扶持等利好消息涨停。

特点：消息确定性越高，上涨持续性越强。

（2）板块联动型。

受行业利好或龙头股带动，同板块多股集体涨停。

特点：关注龙头股表现，跟风股在炒作中可能出现走势分化。

（3）资金推动型。

游资或主力资金通过大单买入直接拉涨停，无明显利好。

特点：短期爆发力强，但缺乏基本面支撑，风险较高。

4.特殊类型涨停

（1）一字涨停。

开盘即涨停且全天未打开涨停，常见于新股上市或重大利好。

特点：筹码锁定良好，后续连板概率大。

（2）T字涨停。

开盘涨停后短暂打开涨停，随后再次封板，形成"T"字形态。

特点：可能是主力洗盘或换手行为，应结合位置判断。

（3）地天板。

从跌停开盘或盘中触及跌停，最终收于涨停。

特点：极端行情下的资金博弈，风险极高，多发生于妖股。

（4）实体涨停板。

开盘价低于涨停价，收盘价等于涨停价，形成阳线实体（如开盘价9元，收盘价10元，涨幅10%）。

特点：反映出市场资金的动态博弈。与一字涨停相比，实体涨停的资金分歧更大，后续上涨可能面临抛压。

四、龙头股到妖股的晋级之路

股市中通常把那些股价走势奇特、怪异的股票称为"妖股"。

（1）妖股一般都是天天涨停，有游资短线炒作，走势明显比别的股票走势异常，让人难以捉摸，一般都是暴涨或暴跌。

（2）妖股出现前一般是大幅超跌，经过一段时间的整理，均线开始走好或者出现黏合，并且妖股行情走完后会快速下跌。

（3）妖股是资金龙头的特殊品种。妖股都来自资金龙头，符合资金龙头的特征，但不是所有资金龙头都会走成妖股。

（4）想涨10倍，先涨5倍；想涨5倍，首先翻倍，所以妖股不是石头里蹦出来的，而是一步一步走出来的。

（5）妖股往往存在于超跌小盘股和前端次新股里，且有炒作题材。

四板走妖，走出四个涨停板是龙头晋级妖股的标志。妖股只适合短线快进快出，不能中长线持有。

第三章

买入与持仓
——精准介入与坚定持有

第一节

黄金买点：六脉神剑战法

股价每一次涨跌起落，都牵扯着无数投资者的心跳与期望。主力资金在幕后翻云覆雨，操控着股价走势，令人难以捉摸。然而，主力行为也并非毫无破解之道。本节通过一套极具实战价值的炒股秘籍——"六脉神剑战法"，指导投资者精准识别主力意图，捕捉黄金买点，在股海中乘风破浪，驶向盈利的彼岸。

一、十字星：主力犹豫与变盘预兆

十字星是指收盘价和开盘价在同一价位或者相近价位，没有实体或实体极微小的特殊K线形态。十字星反映多空双方势均力敌，不分胜负，是主力犹豫的信号，应重点观察。

十字星的市场意义。

高位十字星：多空分歧加剧，应警惕主力出货，建议减仓观望。

低位十字星：空方力量衰竭，若伴随缩量，可能是向上变盘的信号。

连续十字星：类似车轮战，必有一方体力不支。多空车轮战后必定选择方向，强庄股常借此洗盘后拉升。

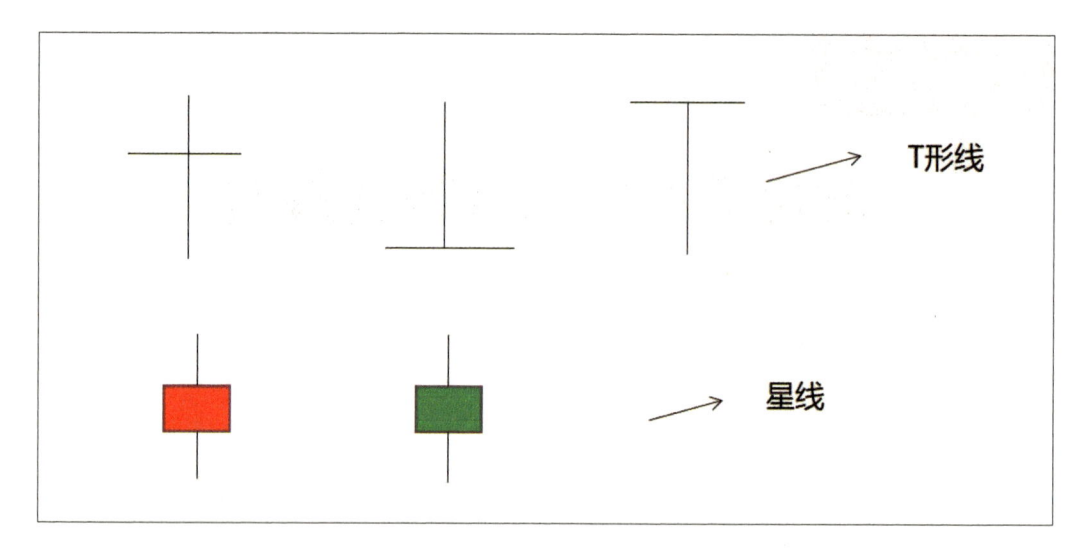

图3-1 十字星形态

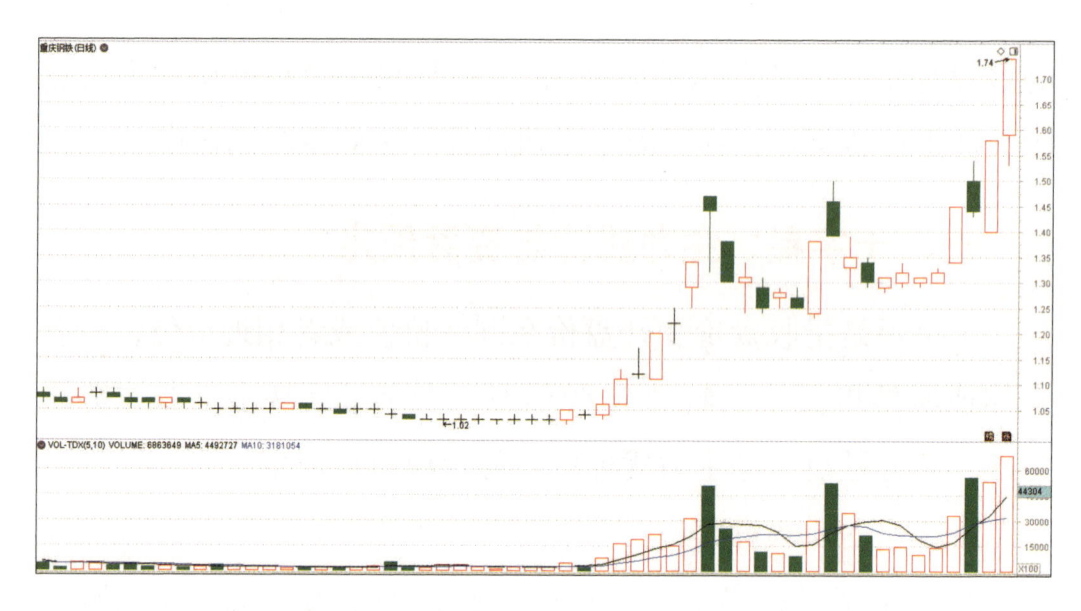

图3-2 重庆钢铁（601005）日K线走势图

案例：重庆钢铁在低位连续出现三颗十字星，随后出现放量大阳线突破，开启主升浪行情。

二、大阳线：主力做多决心的标志

大阳线指涨幅超过7%的阳线，涨幅越大越好，涨停为最佳。大阳线反映主力做多的目标和决心，阳线涨幅越大，做多的目标和决心越大，反之亦然。

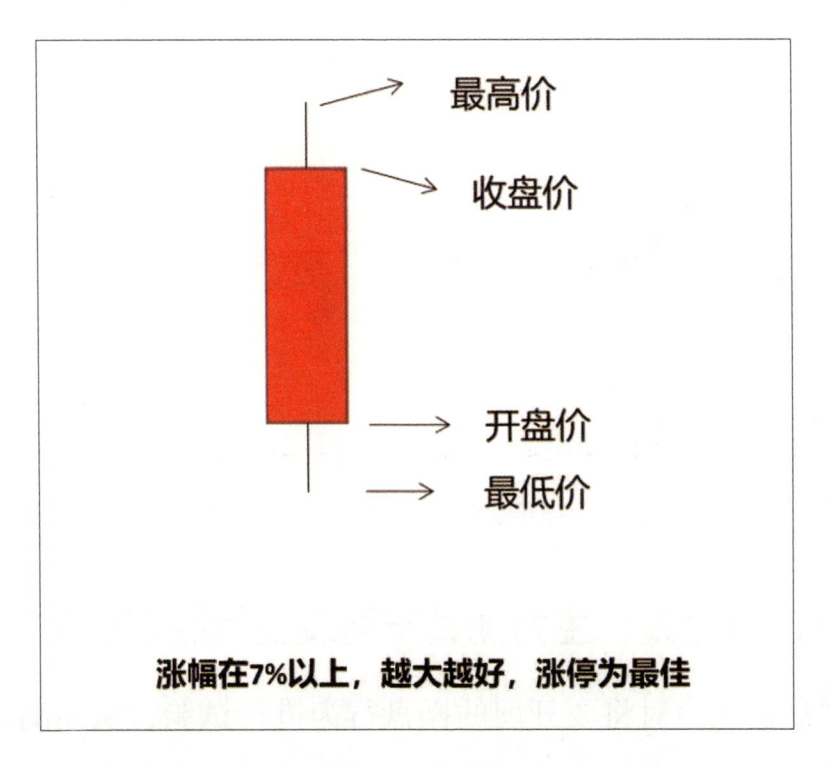

图3-3 大阳线

大阳线的市场意义。

大阳线代表主力资金强势介入，做多目标明确。阳线实体越长，后续上涨空间越大。突破关键压力位的大阳线可视为启动信号，配合成交量放大，可果断介入。

案例：神开股份在横盘末期出现涨停大阳线，成交量较前日翻倍，随后股价短期涨幅超过50%。

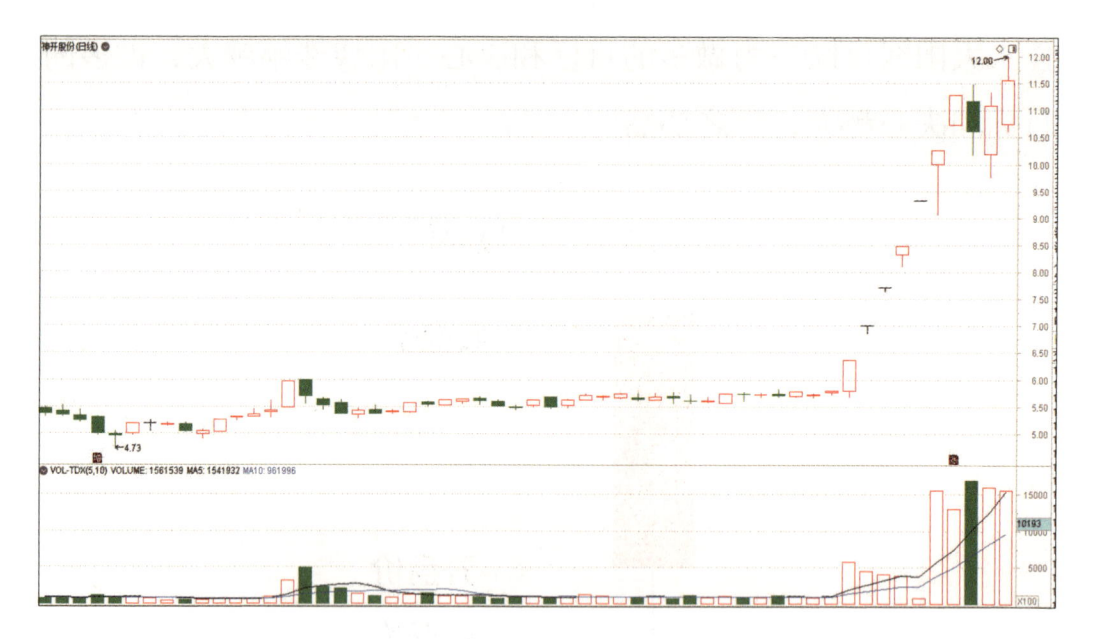

图3-4　神开股份（002278）日K线走势图

三、试盘线：主力测试市场反应的隐秘信号

试盘是主力对将要开展的操盘行为进行试验，从而测试盘中的支撑力度、抛盘压力等。主力在试盘过程中会故意采取特殊的做盘手法，造成股价比较明显的异动，目的是试探市场对该股的反应，从而指导其后续操盘动作。

形态特征：分时图急拉或急压后股价快速回归，日K线留下长上影线或长下影线。

1.试盘线的市场意义

试盘可以出现在任何阶段。建仓完成后进行试盘，可以测试出上方的压力以及下方的支撑力度；洗盘结束后拉升前的试盘，可以测试浮动筹码的清理情况。其中，拉升前的试盘最为普遍，对主力来说也最为重要。

2.试盘方法

（1）急拉股价。 主力将股价快速拉升到某一高位后放任自流，以此来测试市场接单和抛盘的情况，主要表现在分时盘面上。

（2）急压股价。 主力向下打压股价，以查看市场跟风抛盘有多少，测试市场筹码的稳定程度以及持股者的信心和容忍度；同时也可以测试出市场的承接力量有多大，看有无机构或大户进场等情况。

盘中分时主力急拉股价后，如果接单较多，表示买盘跟风踊跃，市场看好该股，属于最佳状态；分时表现是调整幅度较小，量能放大不明显。如果接单多抛单也多，则说明筹码不够稳定，但市场看好者众多，属于次佳；分时表现是调整幅度不深，量能放出较大。如果抛单较多，表示场内浮筹较多，筹码不稳定；分时表现是分时调整幅度较大，后续大概率会出现洗盘。

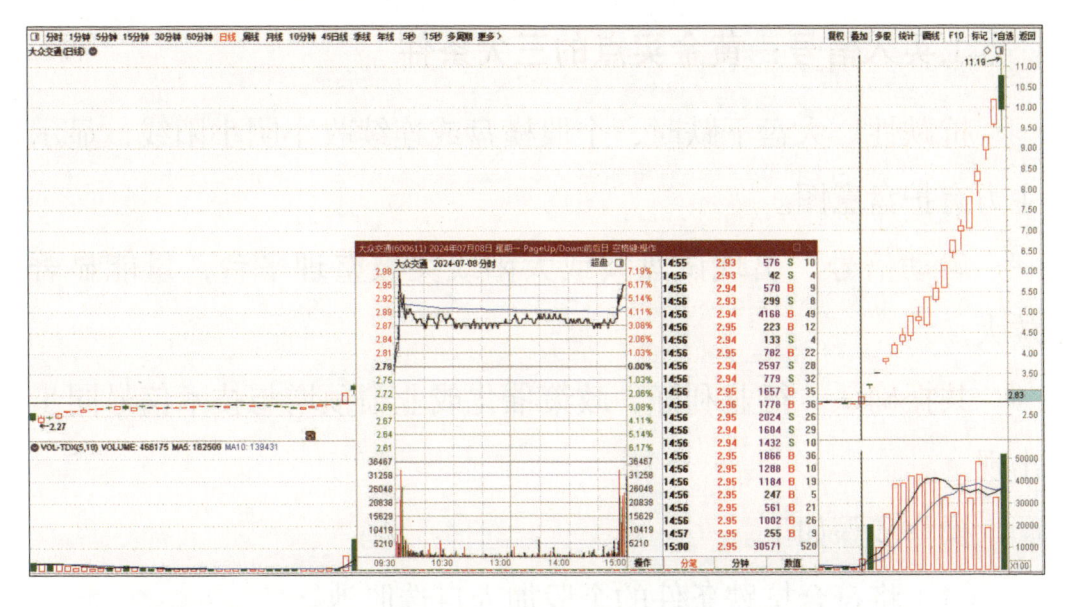

图3-5　大众交通（600611）K线图与分时走势图（2024年7月8日）

案例：大众交通试盘线分时急拉后回撤幅度不足2%，次日跳空高开确认升势。

3.试盘线的三种情况

（1）接单较多：回撤小，量能较小，当天可介入。如果第二天继续收阳线，可加仓买入。

（2）接单多抛单也多：回撤小，量能较大，当天可轻仓介入。如果第二天股价突破前一天试盘线上影线，可加仓买入。

（3）抛单多：回撤较大，后续洗盘概率大。有仓位的可做高抛低吸，如没有仓位，则观望等待，等洗盘后突破试盘线上影线后介入。

龙头股启动有两个标志性信号：第一是大阳线，第二是试盘线，大阳线力度要强于试盘线。

四、六脉神剑战法：精准捕捉主升浪

1.买入信号：黄金买点的三大条件

抗跌性。大盘下跌时，个股横盘或连续收小阴小阳线，显示主力有护盘意图。

启动信号。出现试盘线或大阳线突破整理平台，量能显著放大。

共振确认。行业利好、政策催化或业绩预增与技术信号同步出现。

操作步骤如下。

（1）将符合抗跌条件的个股加入自选股池。

（2）观察是否出现试盘线或大阳线。若量价配合，则买入首仓（30%仓位）。

（3）次日若股价继续放量上攻，可加仓至60%。

图3-6 常山北明（000158）日K线走势图

案例：常山北明在鸿蒙系统发布前，连续收十字星抗跌K线，随后大阳线突破整理平台，短期涨幅超过40%。

2.卖出信号：锁定利润的两大准则

趋势破位。股价跌破5日均线且3日内未收复，应减仓。

警示信号。单日收出跌幅超过3%的放量阴线，或高位长上影线，表明主力出货。

案例：红相股份在连续涨停后收出高位长上影线，次日低开确认顶部，应及时离场。

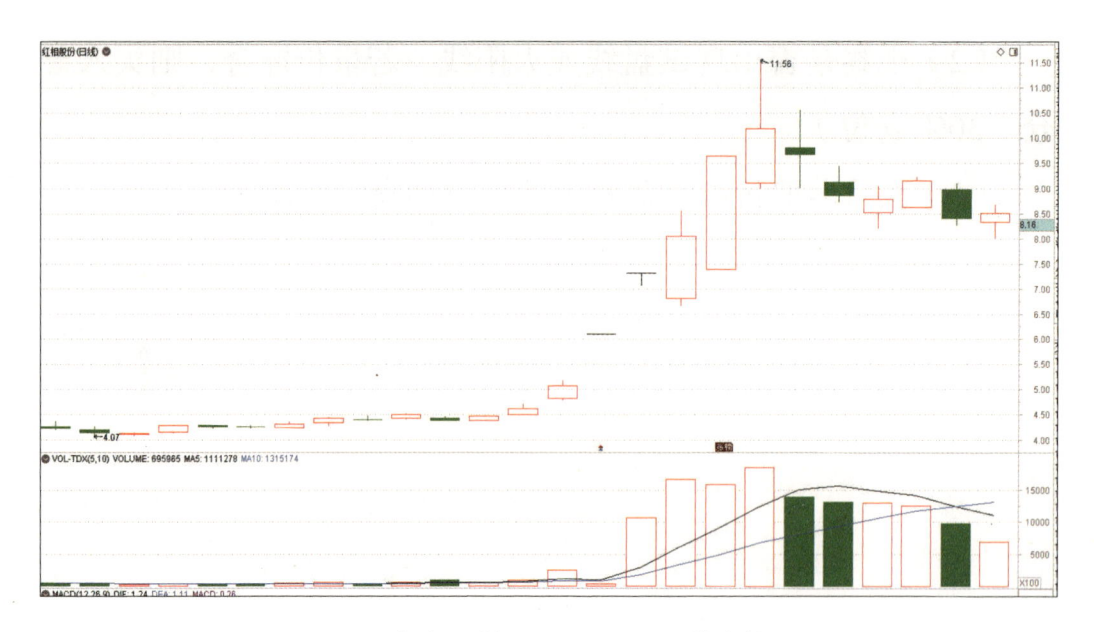

图3-7　红相股份（300427）日K线走势图

五、实战案例解析

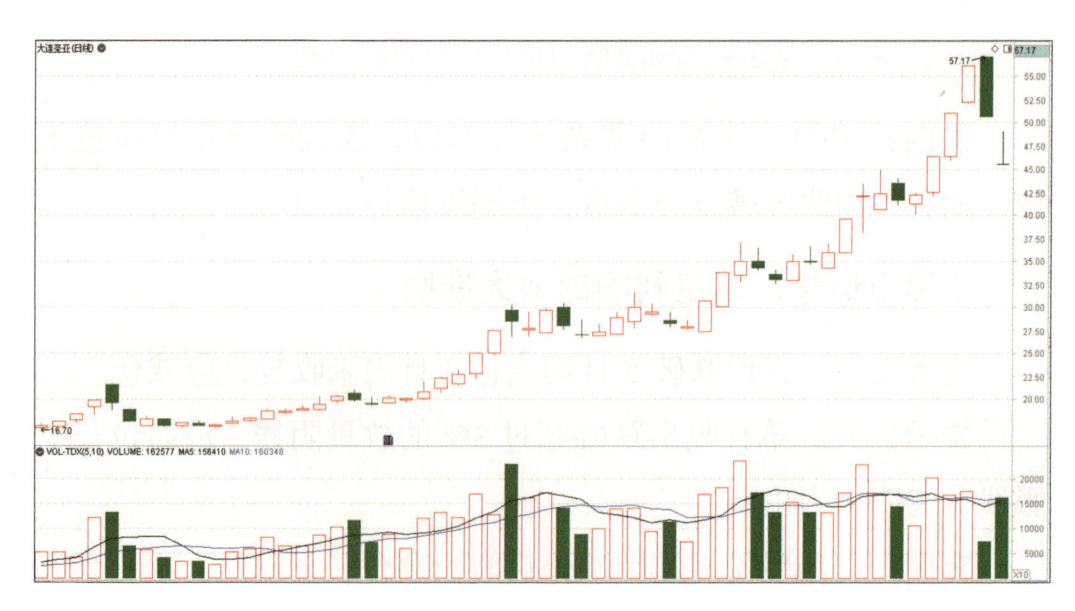

图3-8　大连圣亚（600593）日K线走势图

如图3-8所示，大连圣亚股价走势图。

启动前特征：低位连续收十字星，缩量整理，大盘回调时股价抗跌。

买点确认：放量涨停突破年线压力位，开启主升浪。

离场信号：股价高位放量滞涨，收长上影线后次日低开。

六脉神剑战法的核心在于"等、看、动"——等待时机、观察信号、果断行动。唯有将技术分析与主力行为解读深度融合，方能在股海博弈中占得先机。

第二节

低吸战法：精准捕捉回调买点

在市场操作中，"追涨杀跌"似乎成了不少投资者的经典交易行为，然而，有一种策略却如暗夜中的灯塔，为投资者指出了一条通向盈利的航道——低吸战法。

在股市起伏的浪潮中，龙头股宛如一艘乘风破浪的巨轮，即便遭遇短暂的风浪，其强大的上涨动力也往往使股价能迅速重回上升轨道。掌握低吸战法，就如同找到了开启龙头股二次盈利之门的钥匙，帮助投资者在股价回调的低位悄然布局，静候股价再度攀升带来的丰厚回报。本节将深入讲解低吸战法的精妙之处，精准捕捉那些回调中的宝贵买点，帮助投资者在股海博弈中抢占先机。

一、低吸战法的核心逻辑与优势

低吸战法指在龙头股短期回调时逢低买入，利用其趋势延续性获取超额收益的交易策略。

其核心操作逻辑基于以下三点。

（1）**强者恒强效应**。龙头股具备市场关注度高、资金介入程度深的特点，短期回调多为技术性调整，趋势反转概率较低。

（2）支撑位有效性。 龙头股在关键均线（如13日、21日均线）或复合支撑线附近易止跌回升，提供低吸机会。

（3）风险收益比较高。 通过回调介入，可降低追高买入风险，有效捕捉主升浪的第二波上涨行情。

二、龙头股筛选标准与确认条件

1. 基础筛选：识别真龙头

涨停强度。 主板个股至少要连续3个10%的涨停板，创业板、科创板个股至少要有1个20%的涨停板。

涨停伴随放量，换手率高于近期平均水平，排除无量涨停的"假龙头"。

行业地位。 细分领域市场占有率前三名，或为有政策利好、热点概念的核心标的。

资金介入迹象明显。 龙虎榜显示机构或知名游资席位频繁现身。

2. 动态验证：确认回调性质

缩量回调。 调整阶段成交量逐级萎缩，表明场内抛压有限。

回调不破支撑。 股价回落至13日、21日均线或复合支撑线时止跌企稳。

有板块联动效应。 所属行业指数未出现破位下跌，龙头地位未被替代。

三、龙头低吸战法

1. 核心均线与支撑线

短期均线：13日均线（反映短期趋势）、21日均线（中期强弱分水岭）。

支撑线：

$$支撑线=\frac{3日收盘价均线+6日收盘价均线+12日收盘价均线+24日收盘价均线}{4}$$

2. 买点信号分类

（1）确定性买点（稳健型）。

股价回调至支撑线附近，缩量收阳线（如小实体阳线、十字星）。

分时图呈"U型底"或"双底"结构，尾盘资金回流明显。

（2）激进性买点（博弈型）。

盘中分时价急跌至支撑位，量能瞬间放大后快速反弹。

应配合板块热度与市场情绪进行分析，避免单边下跌行情中盲目抄底。

3. 预警信号与风险规避

破位阴线。 股价放量跌破复合支撑线且3日内未收复，应止损离场。

板块退潮。 所属行业指数连续两日跌幅超过3%，龙头股独木难支。

龙虎榜出现异常。 机构席位大幅卖出或游资"一日游"上榜。

四、卖点策略与持仓管理

1.止盈信号

压力位受阻。股价反弹至前高或筹码密集区时量能不足，可分批减仓。

加速赶顶。连续缩量涨停或分时图出现"钓鱼线"（急速拉升后跳水），应警惕主力出货。

2.止损纪律

固定比例止损。买入价下方5%设为强制止损线。

时间止损。持股3日内未启动反弹，视为策略失效，果断离场。

五、实战案例解析

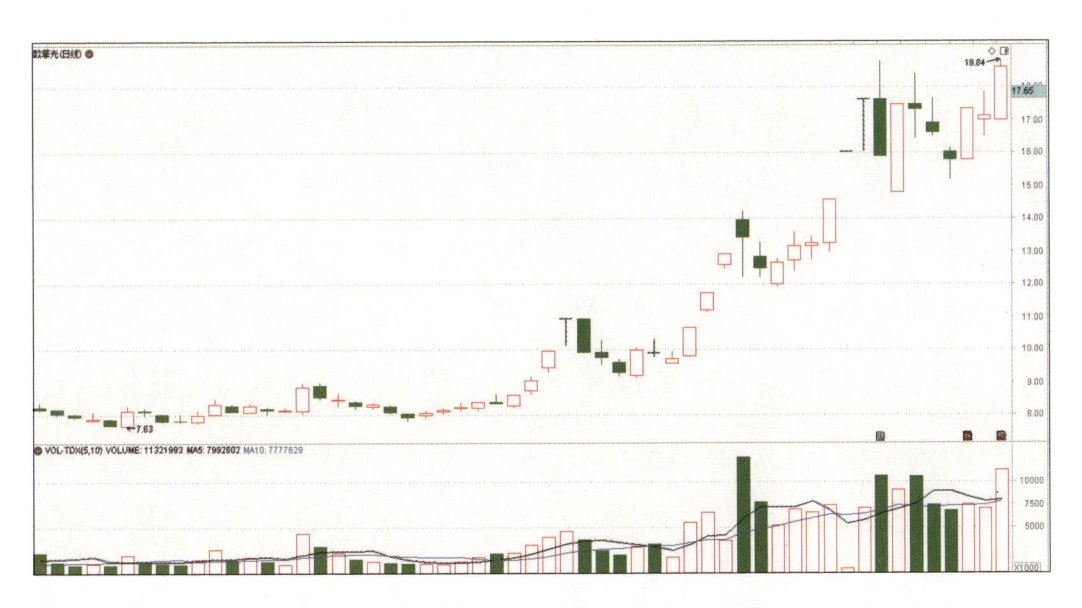

图3-9 欧菲光（002456）日K线走势图

如图3-9所示，欧菲光股价走势图。

龙头确认：受益于智能汽车概念，连续 3 日放量涨停。

回调买点：股价缩量回踩 13 日均线，分时急跌至支撑位后 V 型反转。

离场时机：反弹至前期缺口压力位时量能萎缩，获利了结。

实战中，要综合涨停强度、板块影响力、机构研报覆盖度三维验证，避免跟风"假龙头"。低吸战法的精髓在于"买在分歧，卖在一致"。投资者要严守纪律，避免情绪化操作，方能在龙头股的股价波动中稳健获利。

第三节

N 型战法：二波起爆的确定性机会

股票上市注册制的实施，让一种战法悄然崭露头角，它就像一把锐利的宝剑，精准地指示出股价走势中蕴含的巨大盈利空间，这便是 N 型战法。

在风云变幻的龙头股走势里，N 型战法专注于捕捉看似复杂却又暗藏规律的二波起爆点，为投资者提供确定性极高的获利机会。这种战法不仅弥补了传统战法在连板断板后的策略空白，更以其独特的交易逻辑和精准的形态识别，成为众多投资者在新市场环境下获利的制胜法宝。

本节将深入剖析 N 型战法的精妙之处，帮助投资者在股票投资的汹涌波涛中，搭上二波起爆的财富列车。

一、N 型战法的核心逻辑与优势

N 型战法是在注册制环境下针对龙头股特色总结出来的低吸策略，其核心在于捕捉个股连续涨停后的短暂回调机会，布局第二波主升行情。

战法核心：主力在底部吸筹后，常以连续 2 个涨停板快速脱离成本区，随后通过短期洗盘（3～5 日）洗掉浮筹，然后启动二次拉升。20% 涨停板机制下，个股短期涨幅扩大，N 型结构的第二波行情往往更具爆发力。

N 型战法弥补了两连板断板后的战法空白。连续 2 个涨停板后，后续走势可能会出现反包涨停，或调整 3～5 天后启动第二波上涨走势，使用 N 型战法，可以在股价回调后稳稳上车。

二、N 型战法的基本形态

第一阶段（拉升）。连续 2 个实体涨停（主板 10%，创业板、科创板 20%），量能逐级放大，换手率显著提升。

第二阶段（调整）。缩量回调 3～5 个交易日，调整幅度不超过首波涨幅的 38.2%（黄金分割位），股价不跌破关键支撑线。

第三阶段（启动）。止跌企稳后出现反包阳线或阶梯式放量，突破调整平台。

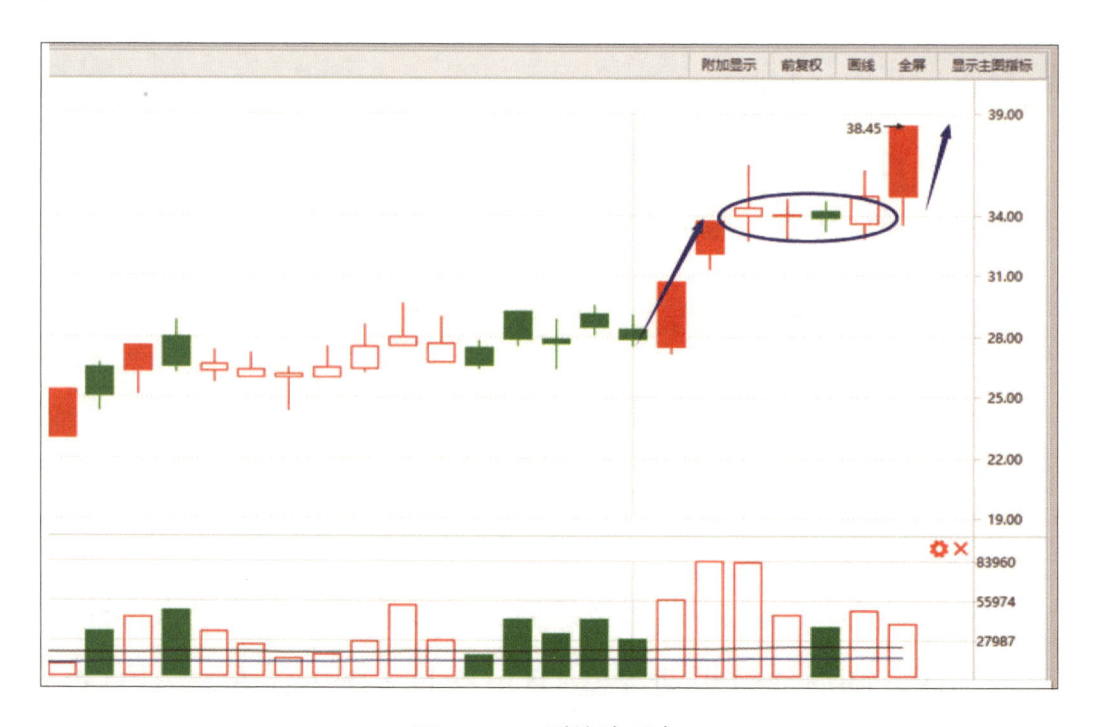

图3-10　N型战法形态

三、N型战法的选股条件

1.涨停强度

主板个股连续2个实体涨停，排除一字板或尾盘偷袭涨停。

创业板、科创板至少1个20%的涨停，且首日涨停后次日不出现大幅回落（跌幅不足5%）。

2.调整要求

调整时间：调整不超过5个交易日，超时则表明上涨趋势弱化。

调整幅度：最大回撤不跌破首波涨幅的38.2%（黄金分割位），或13日均线支撑。

回调量能：调整期间，成交量萎缩至首波拉升均量的50%以下。

3.优选信号

调整期间出现"阶梯量"（如第3日缩量至地量，第4日温和放量收阳线）。

股价在涨停板上方横盘，形成"空中加油"形态。

四、N型战法的买点

1.确定性买点：企稳信号出现

（1）K线形态。

调整末期收出缩量十字星或小阳线，实体位于前一日阴线中部以上。

分时图呈现"U 型底"或"双底"结构，尾盘资金抢筹明显。

（2）量价配合。

阳线成交量温和放大至调整期均量的 1.5 倍以上。

若反包阳线突破 5 日均线，有效性更高。

操作建议：首仓介入 30%，止损设于阳线最低价下方 3%。若次日继续放量上攻，加仓至 60%。

2. 激进性买点：分时急跌博弈

（1）适用条件。

板块炒作热度未退，龙头股地位稳固。

分时急跌至支撑位（如 13 日均线）后快速反弹，量能瞬间放大。

（2）风险控制。

仅限轻仓（10%～20%），严格止损（跌破支撑位立即离场）。

五、N 型战法的卖点

1. 止盈策略

（1）压力位减仓。

股价反弹至前高或筹码密集区时，若量能不足（低于前日 80%），减仓 50%。

二次冲高出现"顶背离"（股价新高，MACD 未新高），清仓离场。

（2）加速赶顶信号。

分时图走出钓鱼线（急速拉升后跳水），或连续缩量涨停，应视为主力出货，应止盈离场。

2. 止损与保护位

（1）强制止损。 买入后股价跌破关键支撑线（如黄金分割位或13日均线）且3日内未收复，无条件离场。

（2）动态止盈。 持仓盈利超20%后，将止损上移至成本线，以便锁定利润。

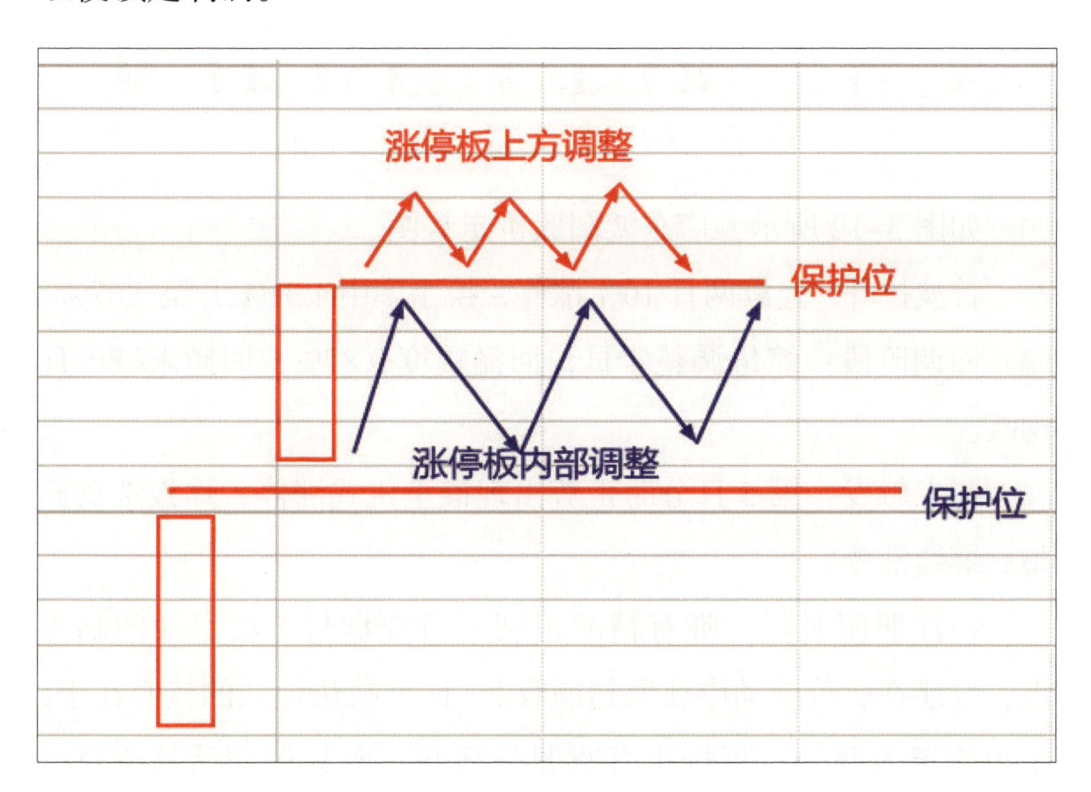

图3-11 止损与保护位

六、实战案例解析

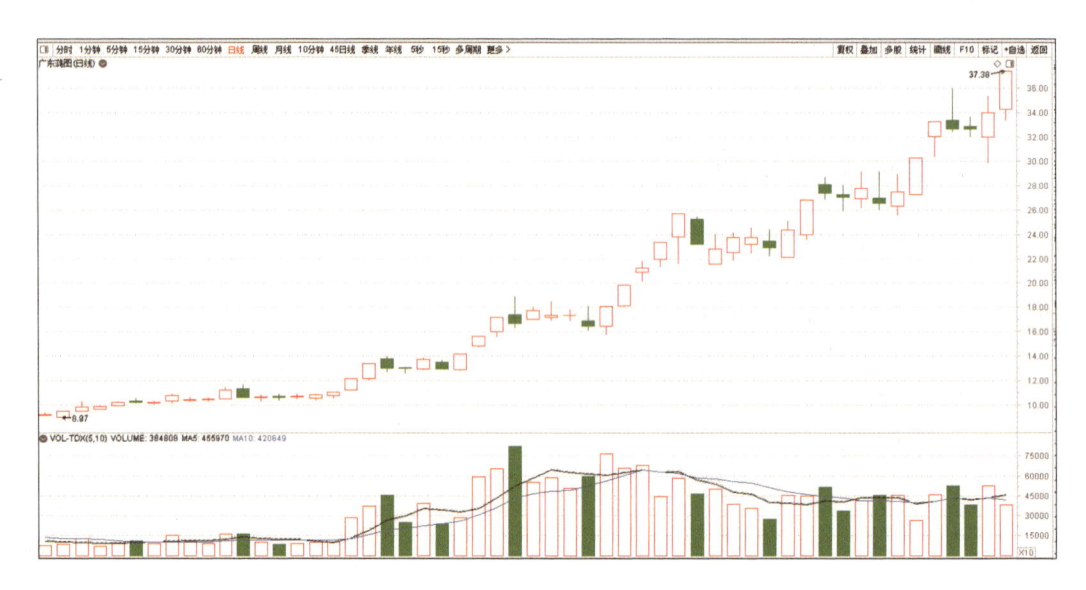

图3-12 广东鸿图（002101）日K线走势图

如图 3-12 所示，广东鸿图股价走势图。

首波拉升：连续两日 10% 涨停，换手率由 1.91% 升至 7.07%。

回调阶段：缩量调整 4 日，回撤幅度 9.87%，回撤未破 5 日均线。

买点触发：第 5 日分时走势出现推土机式涨停，炸板洗盘调整后继续涨停。

在注册制时代，唯有精准识别主力洗盘与二次启动的临界点，方能在股价波动中获取超额收益。N 型战法模式的核心在于，主力知道大部分打板选手喜欢股价高开，而其偏偏反其道而行之，用 3~5 天的洗盘完成震仓，洗盘后快速完成拉升。投资者要跟上主力操盘节奏，在龙头股爆发期稳稳上车，就一定要将 2 连板的股票纳入自选，结合换手、量能、回撤幅度等细细观察，从中优选交易标的。

第四节

主升浪持股：布林线五日法则

龙头股主升浪，短时间内股价持续飙升，能给持股者带来丰厚的收益。然而，主升浪却如同隐匿于山林中的宝藏，难以轻易被发现和把握。获取龙头股主升浪收益，有效的工具和策略显得尤为关键。

布林线作为技术分析领域的一项利器，能为投资者拨开迷雾，揭示股价运行的潜在规律，指引投资者找到主升浪。使用布林线不仅能精准判断股价的运行趋势，更能通过独特的指标体系，帮助投资者把握主升浪中的买卖时机，短时间内实现收益最大化。本节将探讨如何运用布林线在龙头股主升浪中稳稳坐收最大涨幅。

一、布林线设计原理

布林线是判断股价运动趋势的一种技术分析工具。一般而言，股价运动总是围绕某一价值中枢（如均线、成本线等）在一定范围内变动，在此基础上，布林线指标引进"股价通道"的概念，认为股价通道的宽窄随着股价波动幅度的大小而变化，而且股价通道又具有变异性，会随着股价的变化而自动调整。

二、布林线定义

布林线有三条线，分别为布林线上轨（UB）、布林线中轨（BOLL）、布林线下轨（LB），其核心作用在于衡量股价波动区间与趋势强度。

三条轨道线的定义如下。

上轨（UB）：中轨线加上 2 倍的标准差，代表短期压力位。

中轨（BOLL）：20 日简单移动平均线（SMA），反映中期趋势方向。

下轨（LB）：中轨线减去 2 倍的标准差，代表短期支撑位。

图3-13　布林线指标

三、布林线趋势判定

一般来说，布林线中轨代表了趋势。

多头趋势：中轨向上倾斜，股价运行于中轨上方。股价回调至下轨为买点。

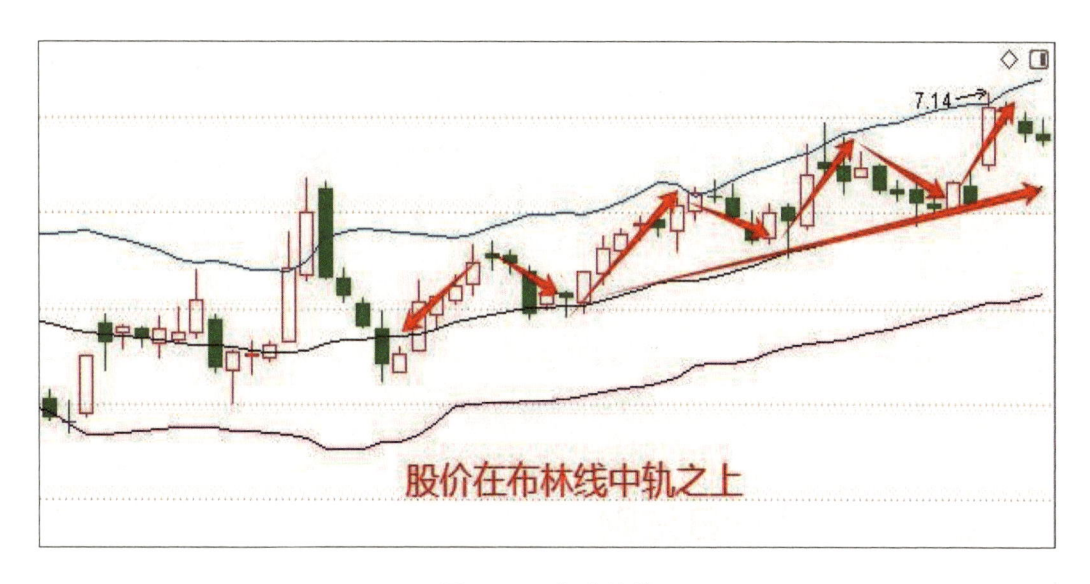

图3-14　多头趋势

空头趋势：中轨向下倾斜，股价运行于中轨下方。股价反弹至上轨为卖点。

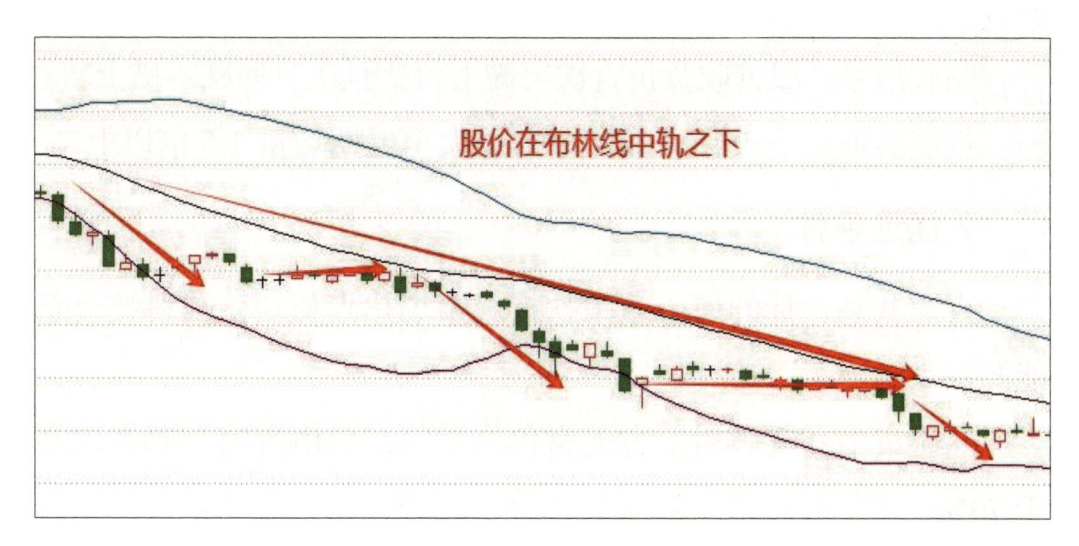

图3-15　空头趋势

震荡趋势：中轨走平，股价在上下轨之间波动。这种走势适合高抛低吸。

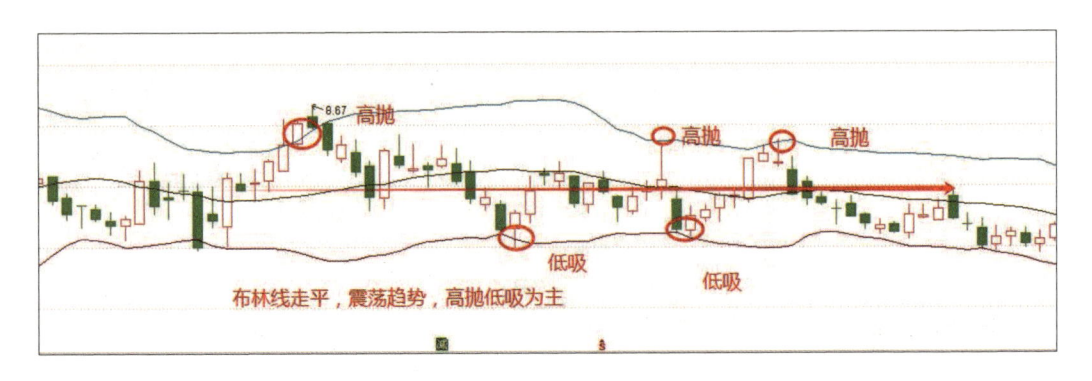

图3-16 震荡趋势

四、布林线五日法则

1.选股条件

长期收窄：布林线轨道持续收窄3个月以上，表明主力吸筹充分。

突破信号：股价收盘价首次突破上轨，且次日回踩不破上轨。

量能验证：突破当日成交量应放大至近期均量1.5倍以上。

2.优选条件

行业共振：标的属于政策扶持或市场热点板块（如科技、新能源）。

筹码集中：突破时上方无密集套牢区，自由流通筹码占比高于70%。

机构背书：龙虎榜显示机构或顶级游资席位介入。

3.操作法则

轻仓试水（第1日）：收盘价突破上轨时介入10%～20%仓位，止损设于当日最低价下方3%。

确认加仓（第 2～5 日）：若连续 5 日收盘价站稳上轨，加仓至 60%～80%，目标设定为突破价翻倍（如突破价 10 元，止盈目标 20 元）。

五、仓位管理与止盈止损

1.仓位管理

单只个股仓位不超过总资金的 30%，避免过度集中的风险。

2.动态止盈

压力位减仓。 股价接近翻倍目标时，若量能萎缩（低于前日 80%），减仓 50%。达到翻倍目标后，若行业退潮或龙头地位动摇，即使未触发警示，也应分批止盈。

警示信号。 出现单日跌幅超过 3% 的放量阴线，或 MACD 指标顶背离，则清仓离场。

3.强制止损

买入后股价跌破突破日最低价 3%，或连续 3 日未能站上上轨，则无条件离场。

六、实战案例解析

如图 3-17 所示，润和软件股价走势图。

（1）形态特征。

布林线收窄周期：4 个月，轨道间距缩至历史低位。

突破信号：2023 年 6 月 12 日，收盘价突破上轨，量能放大至 3 倍。

图3-17　润和软件（300339）日K线走势图

（2）操作过程。

第1日：突破价18.50元，轻仓介入。

第5日：连续站稳上轨，加仓至70%。

目标价：37元（18.50×2）。

卖出离场：7月20日股价触及目标位，MACD指标红柱缩量，止盈离场。

布林线五日法则是"耐心等待"与"果断出击"相结合的实战技法。龙头股启动前常伴随3个月以上的布林线收窄，形成"暴风雨前的宁静"。布林线长期收窄（轨道间距缩小）是变盘前兆，收窄时间越长，突破力度越强。操作中要严守纪律，在龙头股主升浪中短期攫取大幅利润，要懂得敬畏市场，这样方能在市场博弈中立于不败之地。

第五节

筹码跟踪：资金运作全过程

股价的每一次波动都像是棋手落子，背后隐藏着多空双方的博弈。筹码就如同棋局中布局的棋子，无声却有力地透露着资金运作的全过程。无论是散户快进快出，还是大资金精心筹谋，都会在筹码的分布与流转中留下痕迹。

对筹码分布进行深度剖析，投资者就仿佛拥有了一把透视镜，能够看穿市场表象，洞察主力的真实意图，精准把握股价走势的脉络。本节通过筹码分析解锁资金运作背后的密码，探寻在股市博弈中克敌制胜的关键策略。

一、筹码的由来

1.散户资金

散户资金讲究快进快出，寻找价格波动中的价差机会，常因为股价的快速波动丢掉筹码。

2.大体量资金

大体量资金讲究统筹布局，全盘策划，在较低价格区间获得充分的股票（筹码）后，将价格引导到高位，再将筹码成功卖出，兑现账户浮盈。这时候买入筹码的，俗称"接盘侠"。

3.大资金的运作

如果将大资金运作比喻成流水线生产的话，选择股票吸筹就是生产的第一道工序。因为大资金体量大，操作上必然会留下痕迹，特别是筹码的移动分布，一定会为研究主力行踪提供线索：低位，资金换筹码；高位，筹码换资金。

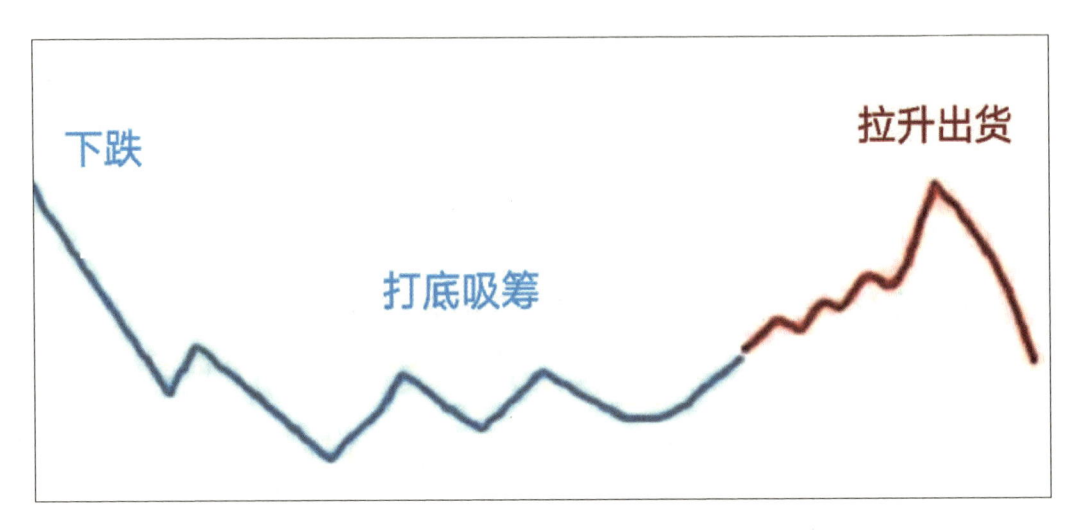

图3-18 主力运作过程

二、筹码分布的市场信息

1.持仓成本分布：市场多空博弈的"晴雨表"

筹码峰是密集成交区形成的柱状图，单峰代表成本高度一致，多峰反映不同阶段的持仓成本。通过筹码峰的形态和位置，可以揭示市场平均成本，反映某一时点所有流通股在不同价格区间的持仓比例。

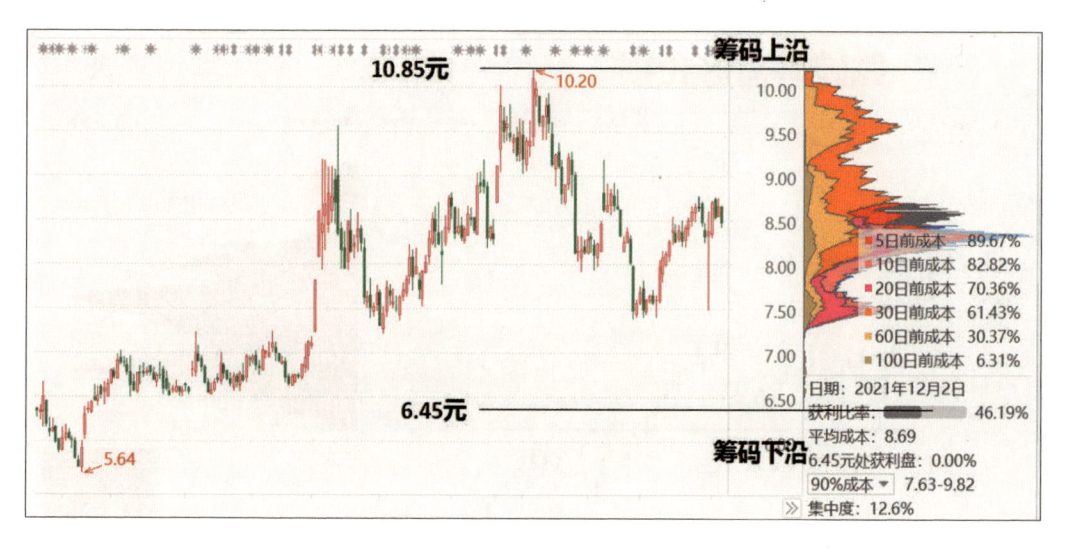

图3-19 筹码分布图

2.持仓成本集中度：主力控盘的"温度计"

股价长期横盘且集中度持续下降，无量突破密集区时，为最佳买点。股价在高位震荡且集中度上升，表明主力正在通过对倒出货，应及时离场。

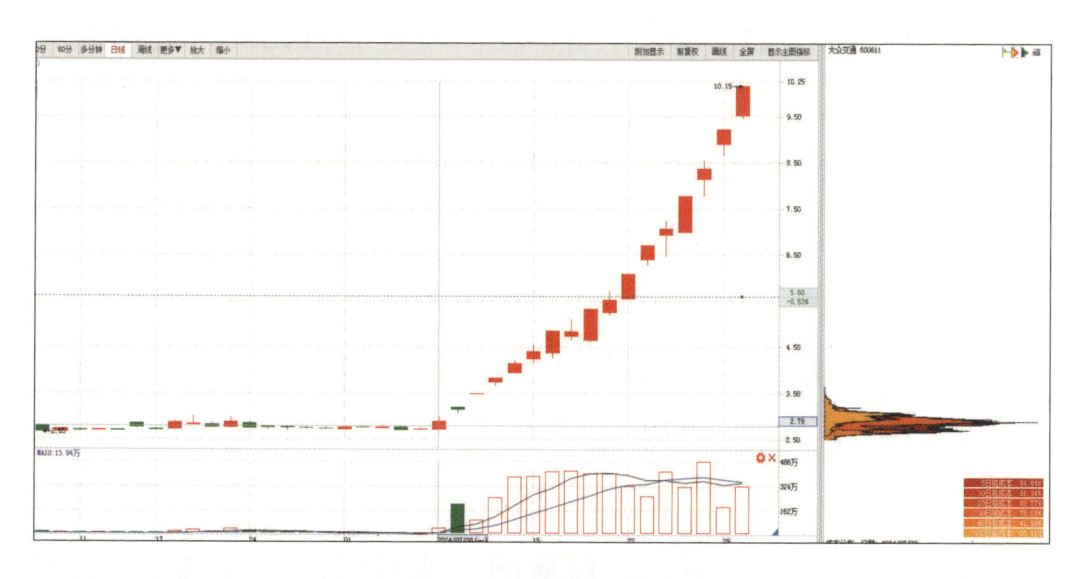

图3-20 无量突破筹码密集区

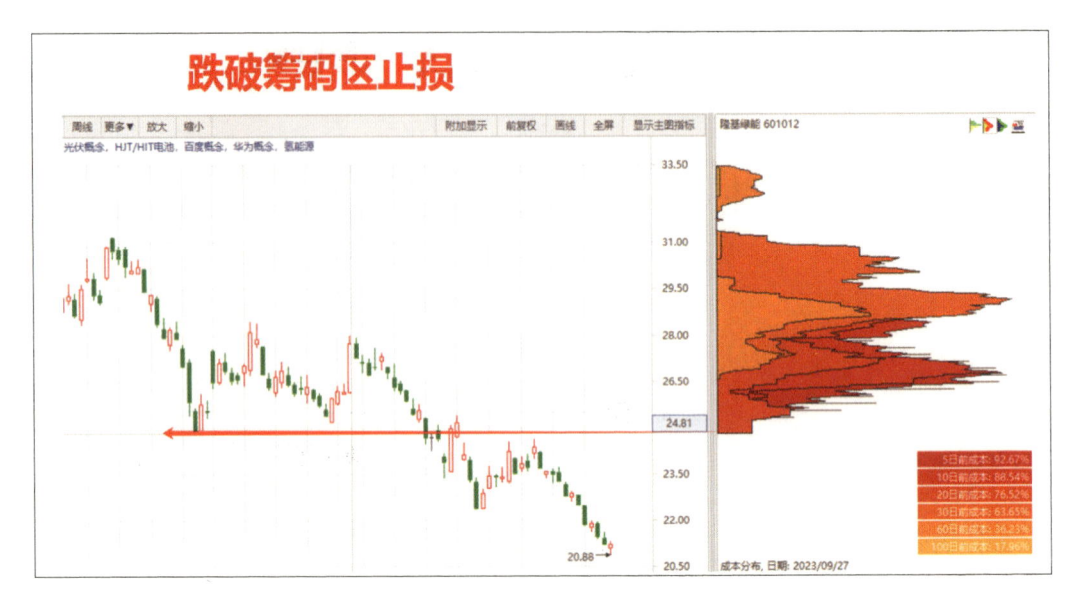

图3-21 跌破筹码密集区

3.持仓周期：市场情绪的"计时器"

（1）短期持仓（0～30天）。

参与者：游资、短线客，关注技术面与消息面。

筹码特征：短期筹码（如5日、10日）占比高，近期成交密集。

案例：2020年10月，智慧农业的5日筹码占比97%，表明主力短期炒作后快速撤离。

（2）中期持仓（1～12个月）。

参与者：机构、中线投资者，注重行业景气度与政策导向。

筹码特征：中期筹码（如60日、100日）稳定，成本均线呈多头排列。

案例：2021年3月，片仔癀的中期筹码占比为60%，表明主力正在通过波段操作推高股价。

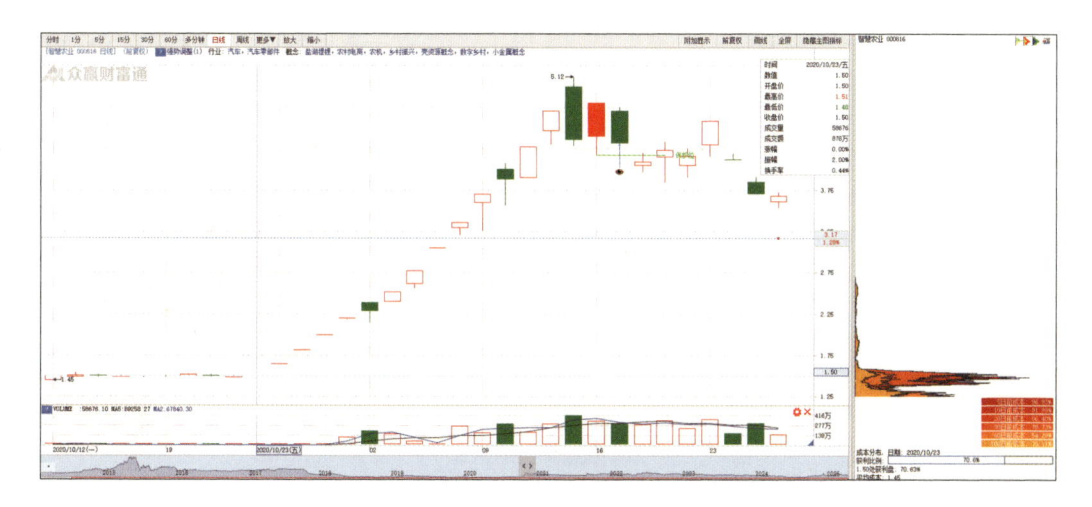

图3-22　智慧农业（000816）筹码分布图

图3-23　片仔癀（600436）筹码分布图

（3）长期持仓（1年以上）。

参与者：价值投资者、大股东，关注公司基本面与分红能力。

筹码特征：长期筹码（如300日、500日）锁定，低位筹码峰长期存在。

案例：2014年，贵州茅台的长期筹码占比为80%，表明主力通过长期持有享受复利增长。

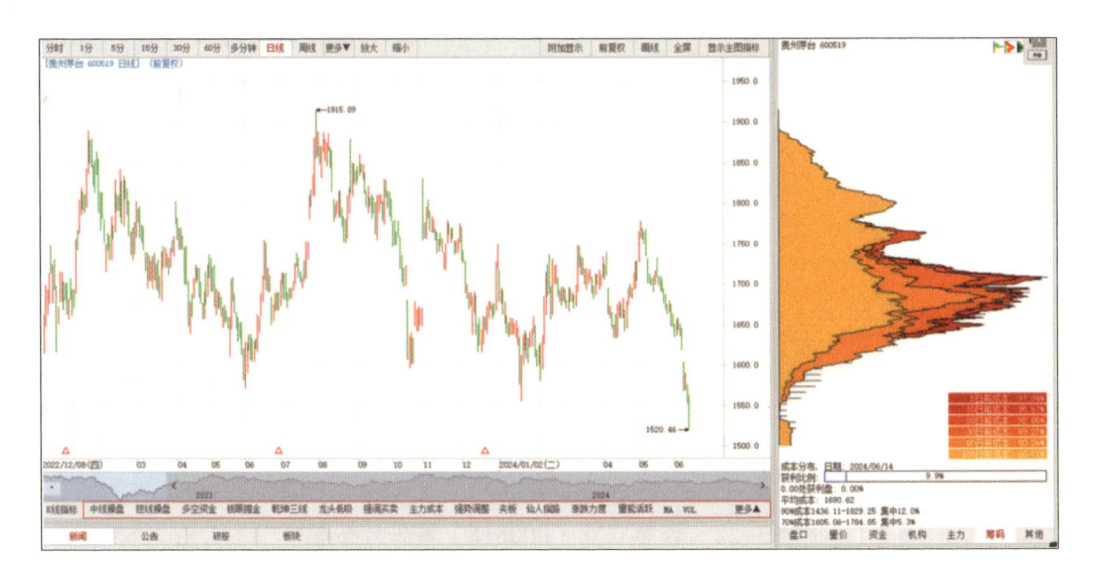

图3-24 贵州茅台（600619）筹码分布图

4.下跌趋势中主力无法主动拉升的原因

（1）筹码收集不够，过早拉升无法实现利益最大化。

（2）上方的套牢盘一旦解套，会引发大量的抛压，对拉升造成巨大的阻碍，主力资金压力也会大幅增加。

图3-25 中水渔业（00798）筹码分布图

三、筹码分布特征

1.劣质股筹码分布特征

（1）筹码非常分散，尤其是在下跌以及盘整阶段。大多数这样的股票短时间内根本不会出现大幅拉升。

（2）上方有很多筹码，显示市场上涨压力重重，这种股票易跌难涨，因为上方都是套牢盘。股价往往沿着阻力最小的方向运行，因此，对于这种股票，操作中要尽量回避。

（3）如果买入的是高位龙头，此时股价处在高位，筹码峰由分散逐渐变成高位集中，表明主力随时都会出逃。

（4）股价继续上涨，但是筹码峰开始下移，这是潜在的顶部信号，表明上涨随时可能结束。在这种情况中，主力实际上是在利用上涨作掩护，暗中大量出货。

注意：当筹码峰在高位明显集中时不要参与，这是止盈信号，切记不要贪婪。

2.优质股筹码分布特征

（1）大幅慢牛拉升的行业龙头，拉升过程中底部筹码不散，这种股票一定要重点关注，这是趋势大牛的特征。这种走势说明底部建仓的资金不为该品种的上涨所动，仍在锁仓持股。这种筹码分布特征，绝对不是一般散户能做到的，一定是主力机构的行为。因为一般的散户投资者都是赚钱的时候跑得快，亏钱的时候死扛，只有真正的大机构投资者在赚钱的时候能守住，市场走熊时能及时止损出局。

（2）妖股属性的龙头，股价表现为大跌后处于横盘震荡状态，市场开始出现主力行为的痕迹。通过一段时间的横盘震荡，筹码基本全都集中在底部。这种股票一旦拉升，就会成为连续大涨的妖股。

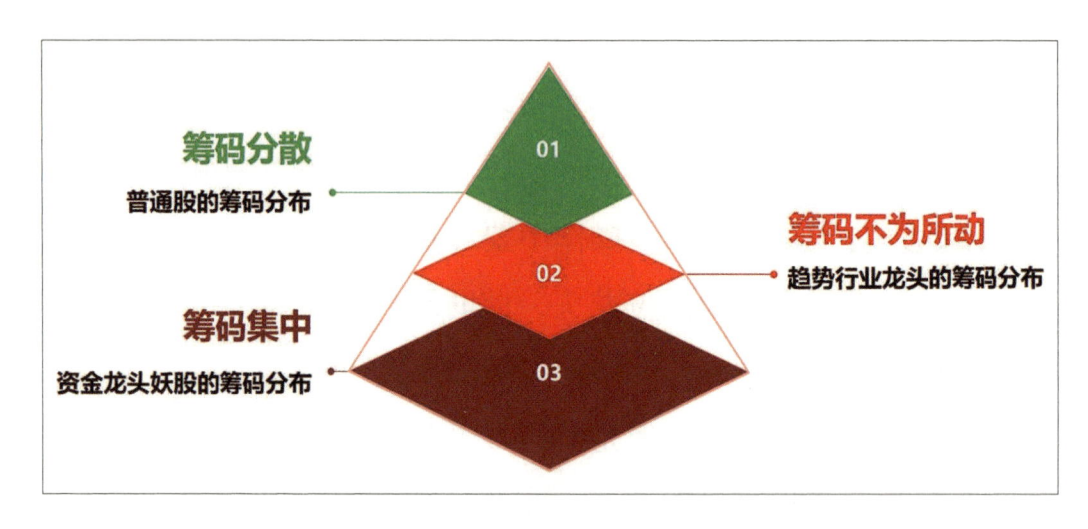

图3-26 筹码分布特征

一只股票经过大幅下跌，跌到非常低的位置后，大资金开始关注，慢慢进行底部建仓。随后多次进行洗盘，股价形成震荡走势。反映在筹码分布上，就是上方的套牢筹码受不了股价震荡煎熬，纷纷抛售离场，高位筹码由分散开始逐步向低位集中。当散户筹码全部清洗完成，股价随时有可能拉升，这时要重点关注。

3.利用筹码分布选股

投资者要把自己想象成游资，用游资的眼光来选股！

操作中要避开机构和基金重仓的个股，机构和基金重仓就代表筹码锁定。游资是这个市场中最敏锐也是最聪明的资金，他们不会给别人白白抬轿。从筹码分布来讲，若上方无套牢盘，表明游资上攻阻力小，更容易拉升和接力。如果上方有大量套牢盘，对于游资接力和跟风做多都是考验。

四、龙头成妖关键：筹码峰战法

筹码分布情况决定了股价在拉升过程中面临的阻力大小。

当筹码在底部区域呈现高度集中状态，即形成所谓的低位密集筹码峰时，意味着在该股票的持仓结构中，大部分筹码都集中在相对较低的价格区间。此时股价上方几乎不存在套牢盘，这就使得游资在进行股价拉升操作时，面临的抛压阻力极小。在这种有利的筹码结构支撑下，游资能够较为轻松地拉动股价持续上涨，从而大大增加了该股成为妖股的可能性。

通过对筹码峰形态的精准分析与把握，能够更好地判断股票的上涨潜力，捕捉到龙头股向妖股进阶的关键信号。

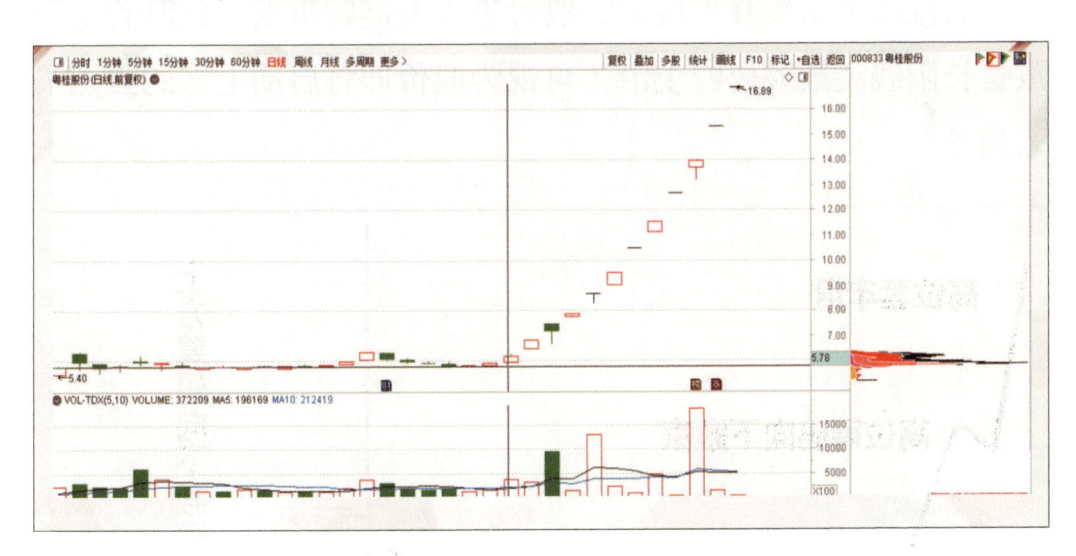

图3-27　粤桂股份（000833）筹码分布图

筹码太过发散，上方处处是压力，股价很难快速度大幅上涨；筹码高位云集，头重脚轻，买入即站岗；只有筹码在底部集中，主力低位吃饱，个股才容易成妖。

1.筹码峰战法买入信号

（1）筹码搬家：股价经过长期下跌后，筹码完成向下搬家。

当股价处于长期下跌通道时，前期在高位买入的投资者由于股价持续走低，承受着巨大的亏损压力。在这种情况下，许多高位套牢盘会逐渐丧失持股信心，选择割肉离场。

与此同时，主力资金则会趁机在底部悄悄吸筹。随着时间的推移，大量筹码从高位不断向底部转移，逐渐在底部区域形成筹码高度集中的状态，即出现低位筹码密集峰。这一过程是筹码峰战法的基础阶段，标志着主力资金开始在底部布局，为后续股价上涨奠定了筹码基础。

（2）突破信号：放量长阳线突破筹码峰上沿。

低位筹码密集峰形成后，股价进入关键转折点。此时若出现放量长阳线突破筹码峰上沿，可视为股价即将启动上涨的强烈买入信号。

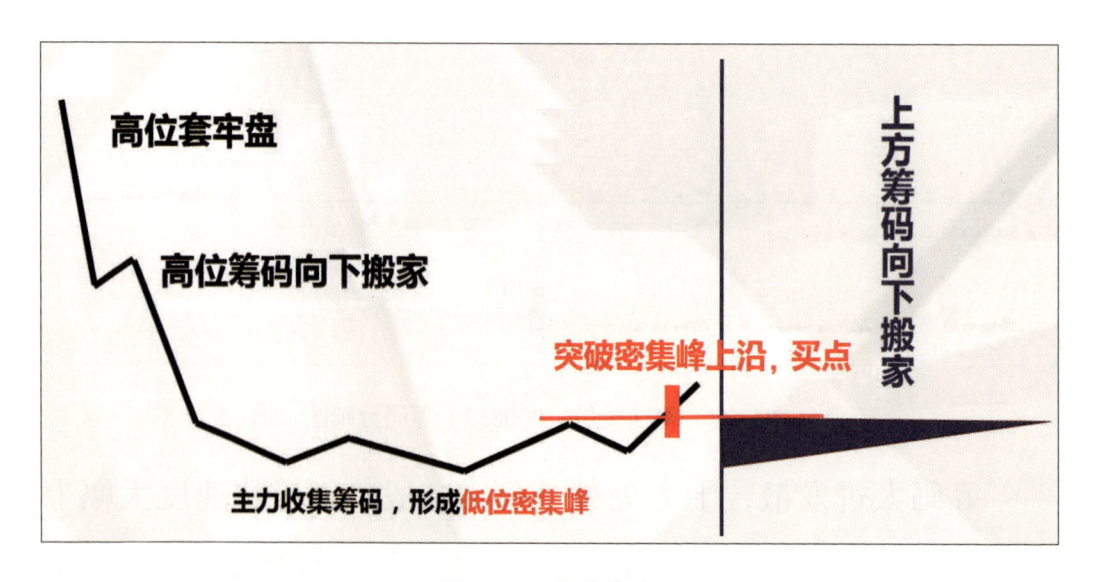

图3-28 突破信号

出现长阳线，表明多头力量在短期内迅速集结并占据主导地位。放量则意味着市场资金对股价上涨认可度较高，大量资金涌入，推动股价成功突破了前期筹码密集峰的压力位。出现这一突破信号，往往预示着股价将开启新一轮上涨行情。

（3）主力控盘：筹码形态从底部"b"逐渐转向高位"p"。

股价突破筹码峰上沿后，整个筹码分布情况会发生明显的变化。筹码开始从底部区域（b点），逐渐向高位区域（p点）转移，这一转移过程直观地反映了主力资金的操作动向。随着筹码不断上移，表明主力资金已经开始积极介入并主导股价的拉升过程。

主力通过一系列操盘手法，逐步将股价推高。在这个过程中，筹码也不断向上转移，带动市场成本逐步提高。可以观察筹码转移的速度、规模以及股价的上涨幅度，以此判断主力控盘的程度。

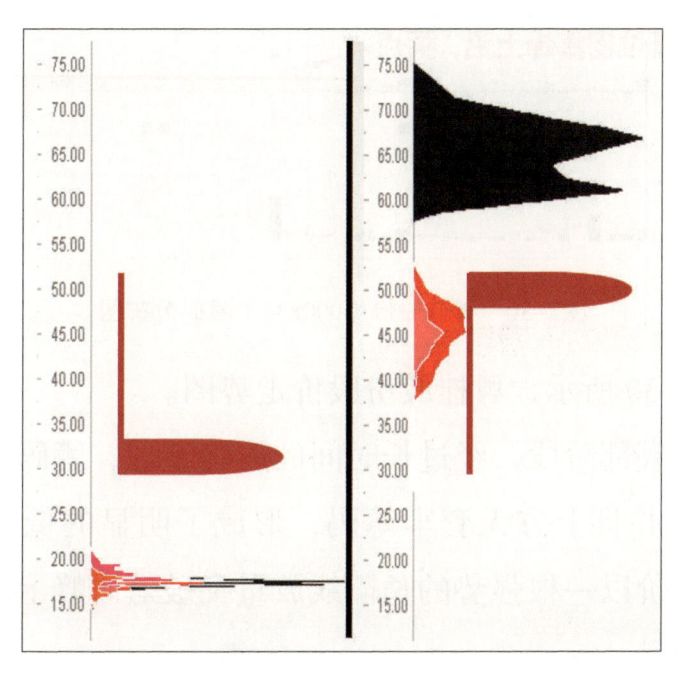

图3-29 筹码从"b点"向"p点"转移

2.筹码峰战法离场信号

（1）股价跌破昨日收盘价离场。

股价跌破昨日收盘价，表明股价短期上涨趋势可能已经发生逆转，多头力量开始减弱，空头力量逐渐占据上风。

（2）股价上涨过程中，高位筹码开始松动离场。

若高位筹码出现明显分散，表明主力资金已经开始出货了，场内投资者也要注意及时卖出离场。

五、实战案例解析

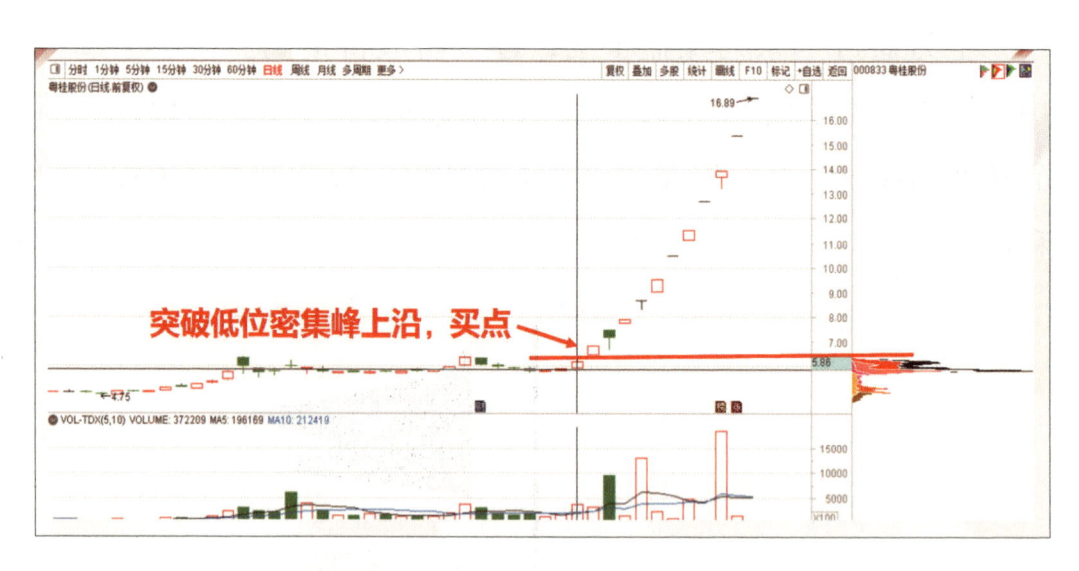

图3-30　粤桂股份（000833）筹码分布图

如图3-30所示，粤桂股份股价走势图。

在股价底部阶段，经过长时间的震荡整理，筹码逐渐在底部区域集中，并且上方无套牢筹码，形成了明显的低位筹码密集峰。随后股价以一根强势的长阳线放量突破筹码峰上沿，成功触发了买入信号。

随着主力资金的持续推动，筹码从底部向高位有序转移，股价一路攀升，短时间内累计涨幅超过了210%。

筹码分布显示出多空博弈的痕迹，反映了持仓成本分布、集中度及周期运行特征。散户快进快出，大资金低位吸筹，高位派筹，这些操作痕迹都可以通过筹码峰形态、集中度变化来捕捉。龙头股爆发前多具有底部筹码稳固或集中的特征，而劣质股则表现为筹码分散，上方套牢盘较重。低位筹码密集峰＋放量突破可以买入，当进入高位后，高位筹码开始松动时，要迅速离场，不要抱有侥幸心理。

第四章

卖出与风控
——守住利润，规避风险

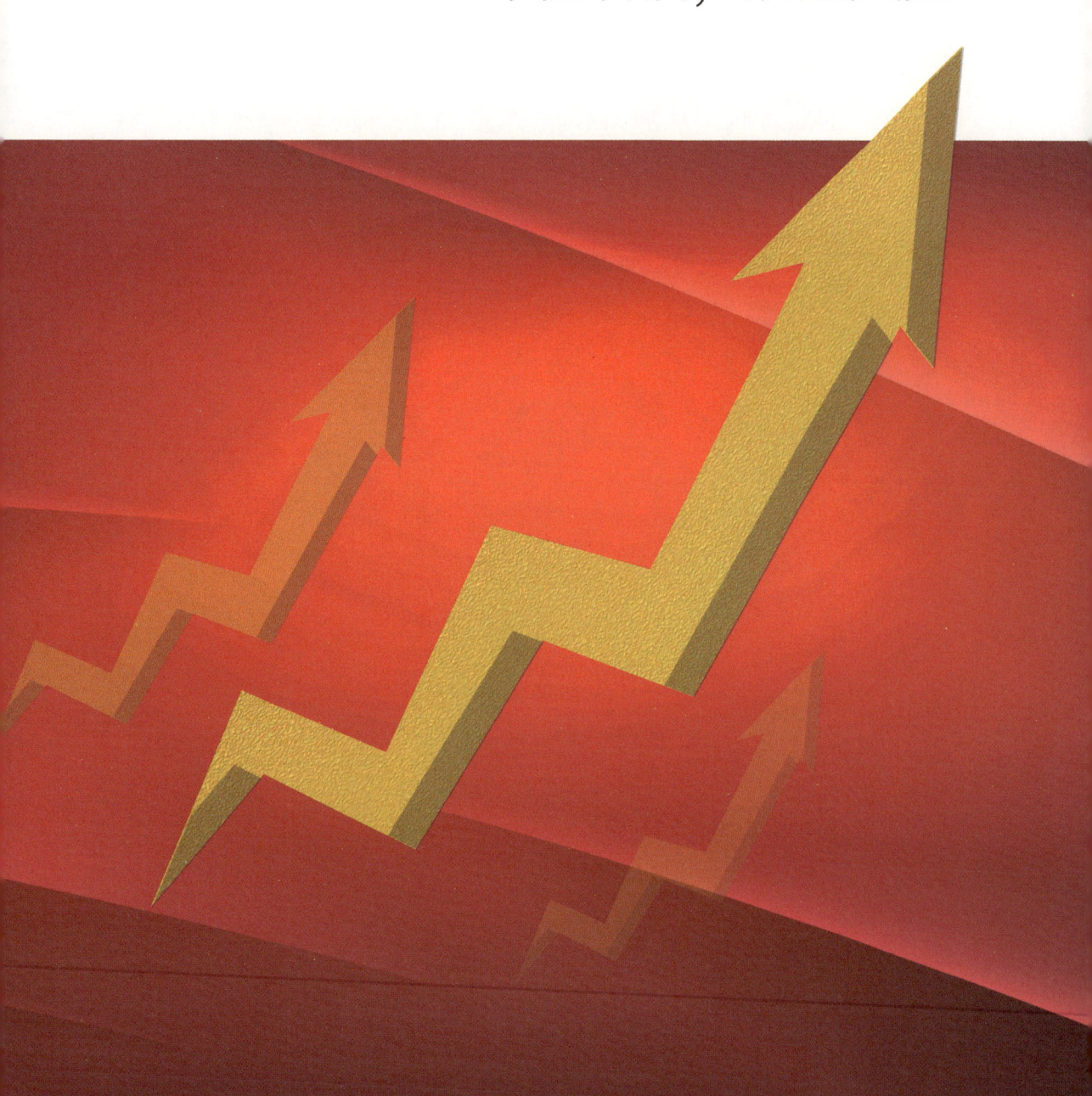

第一节

止盈策略：利润最大化的操作方法

一、动态止盈

在交易龙头股的过程中，动态止盈策略是实现收益最大化并有效规避潜在回调风险的关键利器。

动态止盈，顾名思义，是一种摒弃传统固定止盈模式，依据股价在不同阶段的实时走势以及量能的动态变化，灵活且精准地对止盈位进行调整的策略体系。其核心原则在于巧妙地平衡"利润增长"与"风险控制"这两大投资要素，力求做到"让利润尽情奔跑，拒绝利润的无谓回吐"。

1.动态止盈法

（1）均线跟随法。

在多头趋势占据主导的市场环境下，股价往往呈现出沿着某一关键均线稳步攀升的态势。以5日均线为例，在短期内能够较为灵敏地反映股价的运行趋势以及市场短期资金的平均成本。当股价持续沿着5日均线稳健上涨时，表明短期多头力量强劲，股价处于强势上升通道。此时将止盈位设定在5日均线下方3%的位置，既能充分利用股价的上升动能，尽可能地延长盈利周期，又能在股价出现一定程度的回调时，及时锁定部分利润，有效规避潜在的大幅下跌风险。

然而，市场行情并非一成不变。若股价在短期内出现异常强势的上涨，连续3日偏离5日均线的幅度超过10%，则意味着股价短期上涨速度过快，偏离了其正常的运行轨道，市场可能面临较为强烈的回调压力。在这种情况下，为了更好地适应市场变化，保障投资收益，需要将止盈位适时调整至10日均线。10日均线相较于5日均线，能够更平滑地反映股价的中期趋势，将止盈位调整至此，能够在一定程度上给予股价更大的波动空间，避免因股价短期剧烈波动而过早触发止盈，错失后续可能的上涨行情。

（2）涨幅分段法。

涨幅分段法是基于投资者在不同盈利阶段对风险承受能力和收益预期的差异设计的。当投资者的盈利处于较低水平，即盈利低于20%时，此时投资收益尚未充分积累，投资者对于利润的保护需求相对较为迫切。因此，在这个阶段，允许股价出现5%左右的回撤。这一回撤幅度既能给予股价一定的波动空间，避免因市场正常的短期波动而频繁触发止盈，又能在股价出现较大幅度回调时及时止损，确保投资者不会因股价大幅下跌而将前期盈利全部回吐。

随着投资盈利逐步增加，当盈利处于20%～50%区间时，投资者的风险承受能力相对有所提升，同时对于利润的增长预期也会进一步提高。此时适当放宽股价的回撤幅度至8%，能够更好地适应股价在这一阶段可能出现的较为复杂的波动情况。在保障一定利润的前提下，给予股价更多的上涨机会，让利润能够继续充分增长。

当盈利高于50%时，投资者已经积累了较为丰厚的利润，此时虽然市场可能存在较大的不确定性，但投资者对于利润的保护意识依然强烈。此时，将允许的回撤幅度设定为10%，在平衡风险与收益的同时，能够确保投资者在股价出现回调时，最大限度地保留已实现的盈利。

（3）量能衰减信号。

在股票市场中，量价关系是判断股价走势的重要依据之一。当股价创新高，但成交量却低于前日成交量的80%时，表明股价上涨过程中的动能面临衰竭的问题。成交量作为市场活跃度和资金参与程度的直观体现，其显著萎缩，表明推动股价上涨的资金力量正在逐渐减弱。尽管股价仍在创新高，但这种缺乏成交量有效支撑的上涨，往往难以持续，极有可能是市场短期见顶的信号。

一旦出现这种量能衰减信号，投资者应果断采取行动，减仓50%。通过这一操作，一方面能够及时锁定部分利润，将前期盈利中的一部分落袋为安，降低市场不确定性带来的风险；另一方面，保留一定比例的仓位，使投资者能够在股价后续上涨中仍能获利，继续分享市场上涨带来的收益。这种灵活的减仓策略，充分体现了动态止盈策略在应对复杂市场情况时的科学性与有效性。

2. 止盈策略

（1）首仓盈利触发机制。

在投资实战中，当投资者建立的首仓盈利超过15%时，标志着投资已经进入一个相对稳定且具有一定收益积累的阶段。此时启动动态止盈机制，能够及时对投资收益进行有效的管理和保护。

15%的盈利标准并非随意设定，而是综合考虑了市场波动性、交易成本以及投资者风险偏好等多方面因素。这一比例既能确保投资者在股价初期上涨过程中充分享受收益增长的红利，又能在股价出现较大波动之前，提前启动风险防控措施，为后续投资操作奠定坚实的基础。

（2）每日盘后动态调整。

每日收盘后，投资者需要对当日的股价走势和量能变化进行全面且深入的分析，根据预先设定的均线跟随法或涨幅分段法，对止盈位进行精准调整。这一操作要求投资者具备较强的市场分析能力和数据处理能力，能够准确解读股价和量能数据传递的市场信息。

依据均线跟随法调整止盈位时，应密切关注股价与5日均线、10日均线的相对位置关系，以及股价偏离均线的幅度变化。运用涨幅分段法调整止盈位时，则要根据投资盈利所处的不同区间，合理确定股价的允许回撤幅度，进而精确计算出当日的止盈位。通过每日动态调整，止盈位能够紧密跟随股价的实时变化，始终保持在一个既能有效保护利润，又能充分把握股价上涨机会的合理位置。

（3）触发信号后分批减仓。

当股价走势触发了预先设定的止盈位置时，投资者应严格遵循分批减仓的原则，不必采取一次性清仓的激进操作。分批减仓策略具有显著的优势，能够在最大程度上避免因市场短期波动导致投资者过早离场，错失后续可能出现的股价上涨机会。

在减仓过程中，投资者可以根据市场的实际情况和自身的风险偏好，合理确定每次减仓的比例。例如，在首次触发止盈信号时，可以先减仓30%，将部分利润落袋为安；若股价后续继续回调，再次触发止盈条件时，再减仓20%，进一步降低投资风险。通过这种逐步减仓的方式，投资者能够在有效控制风险的前提下，灵活应对市场的变化，最大限度地实现投资收益的优化。

动态止盈策略的量化标准与操作步骤，是投资者在股票投资过程中实现收益最大化与风险最小化平衡的重要保障。通过对均线跟随法、涨幅分段法以及量能衰减信号等量化标准的精准把握，以及严格执行首仓盈利触发、每日收盘调整和触发信号后分批减仓等操作步骤，投资者能够在复杂多变的股票市场中，尤其是在龙头股的投资交易中，更加从容地应对各种市场情况，实现稳健的投资收益增长。

二、右侧止盈

右侧止盈，简而言之，是指投资者在股价走势明确呈现出见顶特征之后，才果断选择离场的操作方式。这种策略的精妙之处在于，尽管投资者可能会因此错失股价在顶部区域的部分账面利润，但其最大的优势是能够有效规避因过早离场导致错失股价后续的大幅上涨行情，从而确保投资者在相对稳定且明确的市场信号指引下，实现投资收益最大化与风险最小化的平衡。

1.MACD指标顶背离

MACD指标作为技术分析领域中广泛应用的重要工具，对于判断股价走势的趋势变化具有很高的参考价值。当出现MACD指标顶背离时，其背后蕴含着深刻的市场含义。

具体而言，在股价持续攀升并不断创新高的过程中，按照正常的市场逻辑，MACD指标中的红柱应该同步放大，以反映股价上涨动能的持续增强。然而，当MACD红柱未能与股价同步运行，反而出现逐渐缩短的情况时，就形成了MACD指标顶背离。

这种背离现象表明，尽管股价表面上仍在继续上涨，但实际上其内在的上涨动能已经开始衰竭，市场上的多方力量正在逐渐减弱，空方力量则在悄然积聚。此时股价随时可能面临反转下跌的风险，投资者应高度警惕。当MACD指标出现顶背离信号时，要及时右侧止盈，避免股价大幅下跌带来的损失。

2.高位放量滞涨

高位放量滞涨是股价走势中一个极为关键的见顶信号。当个股股价处于相对高位时，单日换手率超过20%，这一数据表明市场在该价位的交易活跃度急剧上升，大量筹码在短时间内进行了换手。然而，此时收盘价却低于开盘价，形成了一根带有上影线的阴线。这种量价关系组合，充分显示出在高位区域，多空双方出现了激烈的博弈，尽管有大量资金涌入市场，但最终空方力量占据了上风，导致股价无法维持在开盘价之上，出现了滞涨现象。这往往意味着股价已经到了一个阶段性顶部，后续下跌的可能性极大，投资者应及时采取右侧止盈策略。

3.板块退潮

在股票市场中，板块联动效应是一种普遍存在的现象。当某一行业板块整体走势发生变化时，板块内的个股往往会受到不同程度的影响。

板块退潮作为一个重要的市场信号，对于个股的股价走势具有重要的指示作用。当行业指数连续两日跌幅超过3%时，表明整个行业板块已经进入明显的下跌趋势。在这种情况下，即使是板块内的龙头股，也很难凭借一己之力逆势而上，维持股价的上涨态势。板块退潮意味着行业整体市场环境恶化，市场资金对该板块的关注度和投入意愿大幅下降，龙头股独木难支，其股价也极有可能跟随板块走势出现下跌。

右侧止盈策略通过对MACD指标顶背离、高位放量滞涨以及板块退潮等核心信号的精准识别与把握，为投资者在股票投资过程中提供了一种科学、有效的止盈决策依据。在实际投资操作中，严格遵循右侧止盈策略，能够帮助投资者在复杂多变的股票市场中准确判断股价见顶信号，及时离场，从而实现投资收益的最大化与风险的有效控制。

第二节

止损纪律：风险控制的最后防线

在龙头股股价高波动的环境中，严格执行止损纪律是投资者抵御市场风险的核心防御机制。相较于普通个股，龙头股因资金关注度高，股性活跃，其价格波动往往呈现极端化特征——既能在主升浪中实现短期翻倍，也可能在情绪退潮时快速回撤30%以上。

本节从情绪周期与技术破位两个维度构建止损体系，帮助投资者建立系统化风险控制框架，确保在享受龙头股高收益的同时，将潜在回调损失锁定在可承受的范围内。

一、情绪周期与止损阈值：动态风险控制的核心逻辑

黎明前的黑暗之所以难熬，是因为茫茫黑夜中看不到任何参照。在黑夜里醒来时，人们会习惯性地看看表，以便知道距离天亮还有多久，这样心里就有底，但股市里并没有这样的参照。客观环境不允许，就只能自己主观创造参照物，这个参照物就是情绪周期。

股票市场本质上是情绪驱动的复杂系统，龙头股走势与市场情绪周期高度共振。根据情绪热度与资金行为特征，可以将股价

炒作周期划分为四个阶段，对应差异化的止损策略。

1.启动期：轻仓试错，容忍度放宽至8%

阶段特征：市场对题材逻辑尚处于分歧阶段，龙头股以首板或二板形式试探性启动，板块跟风效应未完全形成。此时资金博弈以游资点火为主，散户参与度较低，股价波动受消息面影响较大。如2023年AI行情中科大讯飞首板后的震荡走势。

止损逻辑：允许较高止损阈值（8%），因龙头股启动期股价真假突破难以判断，放宽容忍度可以避免被短期洗盘震出。例如2024年固态电池概念炒作启动时，龙头股金龙羽在首板后回踩10日线，跌幅达7%后迅速反包，坚守者之后收获了连板收益。

2.发酵期：加仓跟随，止损收紧至5%

阶段特征：题材逻辑获市场认可，龙头股进入加速上涨阶段（如3板定龙头后缩量加速），板块内涨停家数超过5家，融资余额连续上升，北向资金持续流入。此时市场情绪从分歧转向一致，股价波动加剧，但回调多为缩量洗盘。如2022年新能源汽车龙头中通客车4板后回踩5日线。

止损逻辑：收紧止损至5%，如果发酵期股价有效跌破关键均线（如5日线），可能预示情绪证伪或主力出货。例如2023年机器人概念中大力德在5板后放量跌破5日线，触发5%止损信号，随后股价回调20%。

3.高潮期：持仓为主，止损上移至成本线

阶段特征：市场情绪达到顶峰，龙头股出现"妖股化"特征

（如连续缩量涨停、单日换手率超过 30%），板块指数单日涨幅超 5%，投资者一致性预期强烈。此时风险在于情绪过热后的"天地板"极端波动。如 2021 年顺控发展第 14 板出现了天地板。

止损逻辑：将止损位上移至成本线（买入价），既可锁定基础收益，又避免情绪退潮时利润回吐。例如 2024 年鸿蒙概念龙头恒银科技在第 6 板时，将止损上移至首板买入成本价，后续即使股价见顶回落，仍可确保本金安全。

4.退潮期：空仓观望，禁止逆势抄底

阶段特征：板块内高位股集体跌停，龙头股破位下跌，连板高度骤降至 2 板以下，融资余额单日下降超过 10 亿元。此时市场情绪从贪婪转向恐惧，任何反抽均可能是"鱼尾行情"。如 2022 年信创板块退潮时竞业达连续跌停。

止损逻辑：严格执行空仓。退潮期股价下跌动能强，抄底胜率低于 30%。例如 2023 年 AI 算力退潮时，试图抄底寒武纪的投资者，在股价反弹行情中再次遭遇 15% 的跌幅。

二、技术面破位信号：量化离场的客观依据

1.均线系统破位

13 日均线失效。13 日均线作为游资操盘的短期成本线，若股价放量跌破该均线且 3 日内未收复，视为中期趋势转弱。例如 2024 年 AI 芯片龙头寒武纪在 8 月跌破 13 日均线后，开启了持续两个月的调整，短期跌幅达 40%。

复合支撑线破位。结合前低、缺口等形成的复合支撑区，如

2023年6月赛力斯回踩2022年平台支撑，破位后应立即止损，因该区域往往是主力最后的护盘位。

2.形态学破位信号

头肩顶颈线位。当龙头股在高位形成头肩顶形态（如2021年三一重工顶部形态），跌破颈线位（左肩与右肩低点连线）时，后期目标跌幅为头部至颈线位的垂直距离，破位时应果断离场。

双顶颈线位。典型案例为2020年海天味业双顶破位，在颈线位150元失守后，股价最低跌至86元，短期跌幅达43%。

3.极端波动信号——墓碑线法则

形态定义。单日振幅超过15%且收盘价低于开盘价，K线呈现墓碑形态，如2023年捷荣技术9月28日走出天地板，反映多空激烈博弈后空方全胜。

操作纪律。该形态常为见顶标志，次日应在集合竞价时挂单离场。统计显示，出现墓碑线后，5个交易日平均跌幅达12%。如2022年中通客车股价见顶时收出墓碑线，之后股价连续跌停。

龙头股交易止损纪律，本质上是通过"情绪周期动态调节"与"技术破位量化识别"构建双重防护体系。在情绪周期维度上，根据市场热度动态调整止损阈值，在行情启动期保留试错空间，在行情退潮期杜绝侥幸心理；在技术分析维度上，通过关键均线、形态颈线与极端K线信号，建立客观离场标准，避免情绪干扰。

投资者应牢记：止损不是对交易的否定，而是对市场敬畏的体现。在操作龙头股的高风险博弈中，严格的止损纪律虽可能偶尔被市场"误伤"，却是避免账户遭受毁灭性打击的唯一可靠防线。当止损信号触发时，应秉持"先执行，后复盘"的原则——市场永远有新的操作机会，而本金安全是把握机会的前提！

第三节

主力出货：提前识别的核心技巧

在龙头股交易中，主力出货是行情见顶的重要信号，也是投资者防范风险的关键点。相较于普通个股，龙头股由于市场关注度高，筹码流动性强，主力出货时往往呈现更为复杂隐蔽的特征。本节从筹码分布、盘面语言等维度，深入解析主力出货时的核心分析技巧，帮助投资者提前预判风险，避免成为高位接盘者。

一、筹码松动的预警信号

1.高位筹码峰扩散

在龙头股运行过程中，筹码分布状态能够直观反映主力的持仓与操作意图。当龙头股经历大幅上涨进入高位阶段时，若出现底部筹码快速上移，形成高位筹码密集峰，往往是主力对倒出货的重要预警信号。

在股价拉升初期，主力通过低位吸筹积累大量筹码，此时底部形成明显的筹码密集峰。随着股价不断走高，主力为了顺利出货，会采用对倒交易即自买自卖的方式，制造交易活跃的假象，吸引散户跟风买入。在这个过程中，原本集中在底部的筹码会逐渐向高位转移，底部筹码峰渐渐消失，高位筹码峰则不断扩大伸长。当高位筹码峰的规模和集中度超过底部筹码峰时，意味着主力手中的筹码已经大量派发至散户手中，股价即将面临大幅回调的风险。

2.量价背离

量价关系是判断股价走势的重要依据，在主力出货阶段，量价背离现象尤为明显。当股价创新高时，筹码集中度却下降，这就清晰地显示出散户正在大量接盘，而主力则在暗中出货。

正常情况下，股价上涨应伴随着成交量同步放大，表明市场资金对股价上涨的认可，多方力量占据主导。主力出货时，虽然股价表面上仍在创新高，但实际上主力已经开始逐步抛售手中的筹码。由于主力的出货行为，市场中的真实买盘力量逐渐减弱。散户在追涨心理的驱使下盲目买入，看似成交量仍然维持在较高水平，但实际上这些成交量主要是由主力的出货行为和散户的跟风买入构成的。同时，筹码集中度下降，意味着原本集中在主力手中的筹码，开始分散到众多散户手中，市场的持仓结构发生了根本性变化。

3.龙虎榜异常

龙虎榜作为反映市场主力资金动向的重要窗口，能够为投资者提供极具价值的信息。当出现机构席位连续净卖出、游资席位"一日游"的情况时，往往是主力出货的强烈信号。

机构投资者通常具有较强的研究分析能力和资金实力，其交易决策相对谨慎且具有前瞻性。当机构席位连续净卖出某只龙头股时，说明机构投资者对该股后市走势并不看好，认为股价已经达到或超过了其合理的估值水平，所以选择获利了结。

游资席位"一日游"行为，即游资在某一交易日大量买入股票后，次日或短期内即迅速卖出，这种快进快出的操作方式，主要是利用股价的短期波动获取差价。当游资频繁出现"一日游"操作时，表明市场资金关注该股，主要目的是短期投机，缺乏长期持有的信心，也反映出主力资金正在借助游资的炒作吸引散户跟风，以便顺利出货。

二、主力私下沟通的盘面语言

1.钓鱼线分时形态

钓鱼线分时形态是主力出货时常用的一种盘面手法，具有很强的迷惑性。其特征表现为盘中股价急速拉升7%以上诱多，随后迅速跳水翻绿，分时图呈现出明显的"倒V"形状。

在股价运行过程中，主力为了吸引散户追涨买入，会在盘中突然快速拉升股价，制造出股价即将大幅上涨的假象。此时散户往往会受到这种快速上涨走势的诱惑，纷纷跟风买入。就在散户大量买入的时候，主力则开始大肆抛售手中的筹码，导致股价迅速掉头，从上涨转为下跌，形成"倒V"形态。这种钓鱼线分时形态，让追涨的散户来不及反应，便陷入了高位套牢的困境。

2.跌停板反复开板

跌停板反复开板是主力出货的另一种隐蔽手段。股价跌停后，主力通过在跌停价频繁放量撬板，吸引跟风盘买入，之后再度封死跌停。

当股价跌停时，市场上的恐慌情绪往往较为浓厚，散户投资者大多处于观望或急于卖出的状态。此时主力为了能够顺利出货，会在跌停板上挂出大量买单，将跌停板撬开，给市场造成股价即将反弹的假象。散户看到跌停板打开，往往会认为股价已经见底，有反弹的可能，于是纷纷买入，主力则趁机将手中的筹码大量抛售给这些跟风买入的散户。在达到一定的出货目的后，主力又会重新挂出大量卖单，将股价再度封上跌停。通过这种反复开板的方式，主力能够在跌停的情况下完成大量出货，让追入的散户成为接盘侠。

3.大宗交易折价

大宗交易折价也是主力出货的重要信号之一。当盘后大宗交易折价率超过 8% 时，往往暗示主力急于套现。

大宗交易是指单笔买卖申报数量较大的证券交易，通常在机构投资者或大户之间进行。当主力想要大量出货时，由于直接在二级市场抛售会对股价造成较大冲击，导致出货困难，因此会选择通过大宗交易的方式卖出筹码。如果大宗交易的折价率超过 8%，说明卖方愿意以大幅度低于市场价格的水平出售股票，表明主力对该股的后市走势极度不看好，急于将手中的股票变现。这种折价交易的背后，往往隐藏着主力出货的意图，预示股价未来可能面临较大的下跌压力。

主力出货是龙头股交易中必须高度警惕的风险信号。通过对筹码松动的预警信号和主力私下沟通的盘面语言进行深入分析，投资者可以提前识别主力出货意图，及时采取应对措施。

实际操作中，投资者应综合运用多种分析方法，密切关注筹码分布、量价关系、龙虎榜数据以及盘面分时形态等多方面信息，提高对主力出货信号的敏感度。同时，要保持理性的投资心态，不被短期的股价波动和市场情绪左右，做到提前预判，及时止损，从而在龙头股交易中有效规避风险，实现资产稳健增值。

第四节

极端行情：逆天改命的最后一招

在资本市场的运行轨迹中，极端行情如同不可预测的风暴，往往伴随着剧烈的价格波动与恐慌情绪蔓延。对于龙头股投资者而言，极端行情既是风险的集中释放期，也是捕捉超额收益的黄金窗口。本节聚焦强洗盘与市场冰点两大极端场景，系统阐述如何通过反人性操作和精准的操作策略，在危机中把握机会，实现逆势突围。

一、强洗盘后的反人性操作

1.强洗盘典型特征解析

强洗盘是主力资金在龙头股拉升过程中常用的筹码清洗手段，其核心目的在于通过制造剧烈波动，迫使散户投资者交出筹码。这类洗盘行为往往呈现出鲜明的技术特征。

日内振幅异常放大。 股价在一个交易日内波动幅度超过15%，形成显著的价格震荡区间。这种极端波动不仅考验投资者的心理承受能力，更打破了常规的价格运行节奏。例如，在2023年AI概念炒作中，部分龙头股在主升浪阶段频繁出现日内振幅超过20%的情况，使市场参与者陷入恐慌与迷茫之中，应对失据。

分时形态呈现反转结构。分时图常出现"深V"或"U型"反转形态，股价在盘中经历急跌后迅速反弹，最终收盘价回归至均价线附近。形成这种形态，既展示了空方短暂的压制力，也凸显了多方的强劲反击能力。在股价反转过程中，成交量往往伴随着价格波动显著放大，表明多空双方在该价位展开了激烈博弈。

均线系统支撑验证。尽管股价日内波动剧烈，但最终能够收于重要均线（如5日线、10日线）之上，说明主力资金仍在掌控股价运行节奏，并未改变中长期上涨趋势。这种收盘价与均线系统的契合，是判断强洗盘而非趋势反转的关键依据。

2.反人性操作策略

在强洗盘的极端行情中，常规的追涨杀跌策略往往导致投资者陷入被动。反人性操作策略要求投资者克服恐惧与贪婪，在市场情绪冰点时敢于逆势布局。

恐慌低吸时机把握。当股价因恐慌情绪急跌至年线或黄金分割位（0.382、0.618）等重要支撑位时，是实施低吸的绝佳时机。但应严格控制仓位，首次介入比例不超过总资金的10%。这一操作的核心逻辑在于，重要支撑位往往是主力成本区间或市场心理防线，股价在此获得支撑的概率较高。以剑桥科技2023年4月走势为例，该股在连续涨停后遭遇强洗盘，日内振幅达18%，股价最低触及年线后迅速反弹，次日即强势涨停，随后开启涨幅达40%的短期反弹行情。

次日确认与加仓机制。低吸操作完成后，应密切关注股价次日的表现。若次日股价放量反包前日阴线实体，形成明确的多头反击信号，则可将仓位加至 30%。这种分步建仓策略既能控制试错成本，又能在趋势确认后扩大收益。例如，当股价反包时，成交量往往较前日放大 50% 以上，显示多方力量占据主导，此时加仓可有效提升资金使用效率。

二、擒牛强金实战终极策略

1.适用条件

在极端行情中捕捉龙头股的反转机会，应满足严格的市场条件，这些条件是策略有效性的重要保障。

市场情绪处于冰点。以涨停家数与跌停家数作为衡量情绪的指标，当市场涨停家数低于 10 家，跌停家数超过 50 家时，表明市场恐慌情绪达到极致，此时往往孕育着反转机会。例如，2022 年市场深度调整阶段，某一交易日跌停家数达 80 家，随后市场迅速迎来反弹，部分错杀龙头股率先启动。

龙头股错杀与企稳。筛选因市场普跌而被错杀的龙头股，要求其股价回调至启动位附近，且所属板块指数呈现缩量企稳特征。缩量意味着抛压衰竭，股价回到启动位则表明短期跌幅已充分释放，具备反弹动能。

2.操作步骤

标的筛选与识别。通过量化选股模型，筛选近期有涨停表现且回调至关键支撑线（如上升趋势线、前期平台支撑位）的龙头股。这些股票在市场普跌时展现出较强的抗跌性，一旦市场企稳，有望率先反弹。

轻仓试探性介入。以 5% ~ 10% 的轻仓比例介入选定的标的，同时设置严格的止损位，将止损设于支撑线下方 3%。轻仓操作的目的在于降低试错成本，避免因市场持续下跌造成重大损失。

重仓追击确认机制。若板块指数在 3 个交易日内出现反弹，且所选龙头股率先涨停，则视为市场反转信号得到确认。此时可将仓位提升至 50% 以上，进行重仓追击。这种分阶段建仓策略，既保证了操作的灵活性，又能在趋势明确时获取最大收益。

极端行情中的操作策略，本质上是对投资者心理素质与专业能力的双重考验。无论是强洗盘后的反人性低吸，还是市场冰点时的精准出击，都要求投资者跳出常规思维，在恐慌中寻找机会，在贪婪时保持冷静。

通过精准识别强洗盘特征，严格执行反人性策略，以及在极端市场条件下的系统化操作，投资者能够在危机四伏的极端行情中实现逆势盈利的目标。但应始终牢记，极端行情下的操作风险极高，仓位控制与止损纪律是保障策略有效性的生命线，唯有在风险可控的前提下，方能把握极端行情带来的超额收益机会。

第五章

实战应用
——从理论到收益

第一节 连板妖股交易全攻略

在 A 股市场的风云变幻中,连板妖股以其独特的魅力与高风险高收益特性,成为众多投资者关注的焦点。这类股票不仅是市场情绪的风向标,更是资金博弈的主战场。

本节将捕捉连板妖股起爆点、持仓管理策略到离场决策进行全流程拆解,通过还原市场环境、技术信号与资金博弈过程,揭示龙头股从启动到见顶的完整生命周期规律,为投资者提供可复制的实战方法论。

一、洞悉连板妖股本质

连板妖股是指在短期内实现连续涨停,股价呈现爆发式上涨,且走势显著独立于大盘与板块的个股。其核心特征体现在以下三个方面。

高波动性。股价在短时间内经历巨大的涨幅,单日振幅、换手率常处于高位。例如顺控发展 2021 年创造出 21 连板纪录,其间单日最大振幅超 15%,换手率多次突破 30%。

情绪驱动。股价走势高度依赖市场情绪,投资者的贪婪与恐惧情绪在妖股交易中被放大。当市场情绪高涨时,资金不断涌入，推动股价持续涨停；当情绪退潮时，股价也可能迅速暴跌。

资金博弈。妖股大幅波动，背后是游资、散户等多方资金激烈博弈的结果。游资凭借资金优势与操盘技巧主导股价走势，散户则在追涨杀跌中推动行情发展。

如图 5-1 所示，2021 年，三羊马作为次新股，叠加物流概念，在短短 17 个交易日内实现 16 个涨停，股价从 19.20 元迅速飙升至 105.85 元，成为当年市场上耀眼的明星。

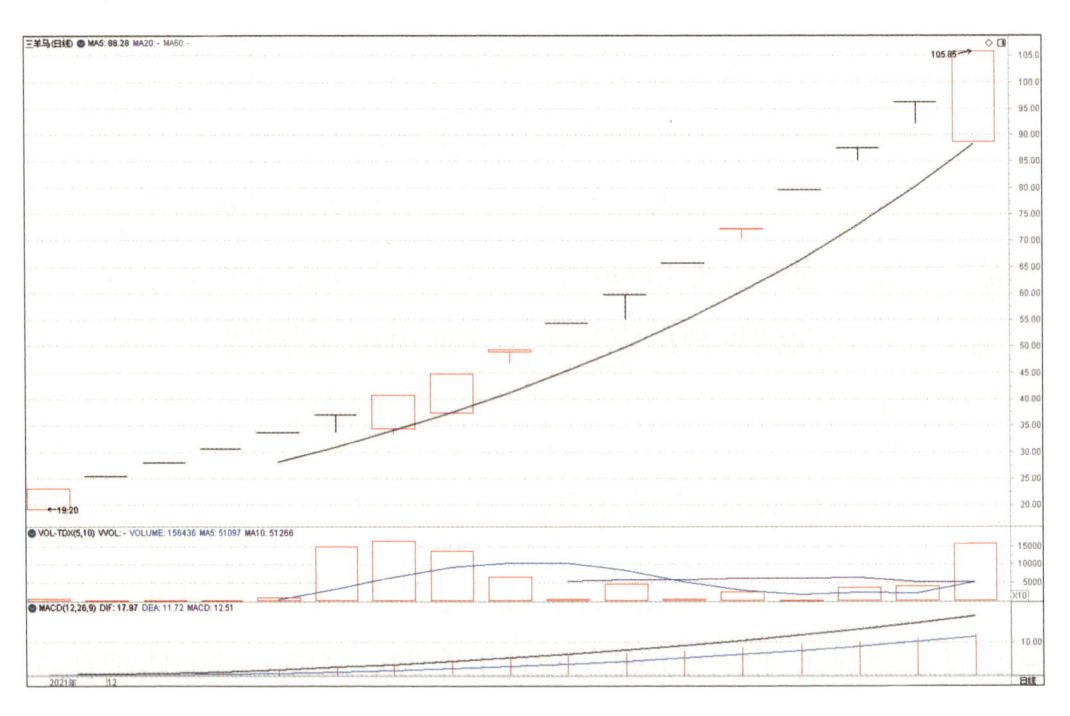

图 5-1 三羊马（001317）日K线走势图

操作连板妖股，在高收益的同时往往伴随着高风险。连板妖股的高收益源于其短期内巨大的涨幅，而高收益背后是极高的风险。由于股价波动剧烈，一旦操作失误，投资者可能面临巨大的亏损。妖股在股价见顶后，往往会出现连续跌停，例如仁东控股，股价崩盘时连续收出 14 个跌停，让追高的投资者损失惨重。

操作龙头妖股，对投资者的要求较高，更适合具备丰富短线交易经验、风险承受能力强且对市场情绪敏感的短线或超短线交易者。

二、精准把握连板妖股的入场时机

1.买入的核心逻辑

强势题材是妖股诞生的土壤，题材的想象力、政策的支持力度以及市场关注度，决定了上涨行情的持续性。例如，碳中和概念在2021年得到政策大力支持，相关个股如顺控发展、南网能源等成为市场妖股。同时，市场情绪高低也是关键因素，通过观察涨停家数、跌停家数、连板高度等指标，可以判断市场情绪的冷暖。当市场情绪高涨，涨停家数多且连板高度不断提升时，更有利于妖股的产生。

在题材炒作中，龙头股具有领涨作用。确认龙头地位可以从两个方面入手，一是板块内连板高度，率先涨停且连板数最多的个股往往是龙头；二是资金认可度，通过龙虎榜数据观察主力资金的流入情况，以及个股在板块内的带动效应。如龙头股涨停后，跟风股纷纷跟随涨停，则说明龙头股带动效应显著，可以大胆介入。

2.关键买入时机

首板分歧转一致。个股在冲首板的过程中，经过充分换手，从弱势转为强势时，是较好的买入时机。例如，在早盘低开或震荡后，股价逐渐走强，最终冲上涨停，且成交量明显放大，这种情况表明多空双方经过充分博弈后，多方最终占据优势。

二板定龙头。如果个股在第一个涨停后能够继续封上涨停，且带动板块内其他个股上涨，基本可以确认其龙头地位，此时可以果断买入。因为二板涨停说明题材炒作具有延续性，市场资金对其认可度较高。

中继突破。在股价上涨过程中，个股经过一段时间的分歧调整后，出现加速板，如T字板、缩量板。T字板是指个股开盘涨停，中途打开涨停板后又迅速回封，表明主力在洗盘后继续强势做多。缩量板则说明筹码锁定良好，主力控盘程度高，此时也是不错的买入机会。

3.技术面辅助信号

观察分时图中的均线支撑情况，若股价回调至均线附近获得支撑，且没有出现大幅下跌，说明市场承接力度较强。此外，炸板回封也是一个重要信号，个股涨停后虽被打开，但能迅速回封，则显示多方力量依然强大。

缩量加速表明筹码锁定良好，主力控盘程度高，但应注意缩量过度可能存在风险。放量分歧时，若成交量在合理范围内放大，且股价能够继续上涨，说明市场资金对其认可度高，可继续关注。

4.仓位管理

试错仓（1~2成）。在首板或二板不确定是否为真龙头时，以小仓位试错，这样可以降低风险。若判断失误，损失也在可控范围内。

确认加仓（3～5成）。当龙头地位基本确认，技术面、市场情绪等多方面因素支持做多时，可适当加大仓位，但仍需控制风险，避免满仓操作。

三、仓位动态管理

1.持仓逻辑持续验证

密切关注题材相关的消息面、政策面动态。例如，在数字货币题材炒作中，若央行数字货币试点不断扩大等利好消息持续出现，说明题材具有延续性，可继续持仓；反之，若出现利空消息，则应谨慎对待。

观察板块内后排跟风股的表现。若跟风股能够持续跟涨或涨停，形成良好的梯队效应，说明板块热度不减，龙头股的上涨趋势有望延续。若跟风股开始掉队，甚至出现下跌或跌停，预示板块炒作可能即将退潮，应考虑减仓或离场。

2.盘中分时走势强弱判断

分时均线支撑与抛压分析。在盘中，分时均线是重要的参考指标。若股价始终在分时均线上方运行，且多次回调至分时均线附近均获得支撑，说明多方仍占据优势。若股价跌破分时均线且无法收回，表明市场抛压较大，应警惕回落风险。

涨停封单量与撤单行为分析。涨停封单量反映了多方的做多力量，封单量越大，说明市场对该股的认可度越高。同时，应关注封单的撤单情况，若出现大量撤单，表明主力可能在出货，应提高警惕。

3.应对波动心态控制

牢记"龙头多条命"原则，在没有明确的见顶信号时，不要轻易止盈。因为龙头股往往具有较强的做多韧性，可能在调整后继续上涨。

拒绝"成本锚定效应"，交易中不应过分关注成本，要以股价走势作为操作依据。无论当前是盈利还是亏损，都要根据市场信号和交易策略做决策，避免成本因素影响理性判断。

四、把握离场时机，锁定收益，规避风险

1.主动离场信号

当妖股首次未能封板，尤其是在缩量加速后出现爆量不封板的情况，往往是行情见顶信号，应及时离场。出现上述情况，可能表明多方力量衰竭，空方开始占据优势。

若板块内后排跟风股大面积跌停，说明板块炒作热度消退，龙头股独木难支，此时应果断离场。例如，在碳中和板块炒作退潮时，南网能源等跟风股纷纷跌停，顺控发展的股价也随之见顶。

当个股收到交易所关注函或被停牌核查时，可能面临政策风险，为避免后续走势的不确定性，应选择离场。如天山生物因股价异常波动多次收到关注函，最终导致股价大幅下跌。

2.被动离场信号

分时走势破位。在盘中，若股价跌破分时均线且下方无承接，持续在均线下方运行，说明市场走势转弱，应考虑离场。

高位放巨量。当个股在高位换手率超过 50% 时，应警惕主力

出货。巨大的成交量表明多空双方分歧巨大，股价随时可能见顶。

3.止盈与止损纪律

为防止利润回吐，可设定利润回撤30%为强制离场条件。例如，当盈利达到50%后，若股价回调导致盈利回撤至20%，则果断离场。

为控制风险，可将止损线设定在跌破买入价5%～8%的位置，一旦股价触及止损线，无条件执行止损，避免亏损进一步扩大。

第二节

战法组合：不同行情的适配策略

在资本市场的复杂生态中，不同市场行情蕴含着独特的盈利机会与风险特征。龙头股交易的核心要义，在于依据市场趋势与资金偏好，动态调整交易策略。本节聚焦牛市与熊市两大典型市场环境，通过构建"主升浪＋连板追击"与"双轨低吸＋反包涨停"策略组合，为投资者提供应对不同行情的实战方法。

一、牛市盈利法则：主升浪＋连板追击

1.适用环境

牛市环境，需满足宏观趋势与微观资金面的双重共振。

宏观上，大盘指数（如上证指数、深证成指）日线级别布林线中轨持续向上，且价格运行于中轨上方，表明市场处于多头主导阶段。2020年2月，上证指数布林线中轨以每日0.3%的斜率上行，就是市场进入典型牛市的节奏。

资金面上，全市场涨停家数连续5个交易日超过50家，热点板块呈现清晰的轮动节奏（如科技股→消费股→周期股接力）。两市日均成交额突破1.2万亿元，较前期均值提升30%以上。

2.策略组合

（1）主升浪持仓策略：布林线五日法则。

原理：布林线（BOLL）收窄期代表多空力量平衡，突破上轨则标志趋势启动。选取布林线带宽连续20日收窄至历史10%分位以下的个股，当股价突破上轨且连续5日站稳时，确认主升浪开启。

（2）连板追击策略：首板确认法。

复盘筛选。每日复盘筛选当日首板放量涨停个股（换手率大于8%，成交量为前5日均量2倍以上）。

介入条件。次日高开3%～5%，分时回踩不破前日收盘价或5日均线，可以20%仓位介入。

风险控制。若当日未能涨停，次日以成本价止损。

3.实战案例复盘：2020年特斯拉概念牛市

主升浪持仓。宁德时代作为行业龙头，股价自突破布林线上轨后，沿5日均线持续上行，短时间内股价从76.94元上涨到169.89元，走出翻倍行情。

连板追击。模塑科技于2020年1月7日首板涨停，次日高开集合竞价介入，19天收出15板，短时间内累计收益达270%。

组合效果。通过"主升浪+连板追击"策略组合，在这轮特斯拉概念牛市中，总收益率达400%，跑赢同期指数。

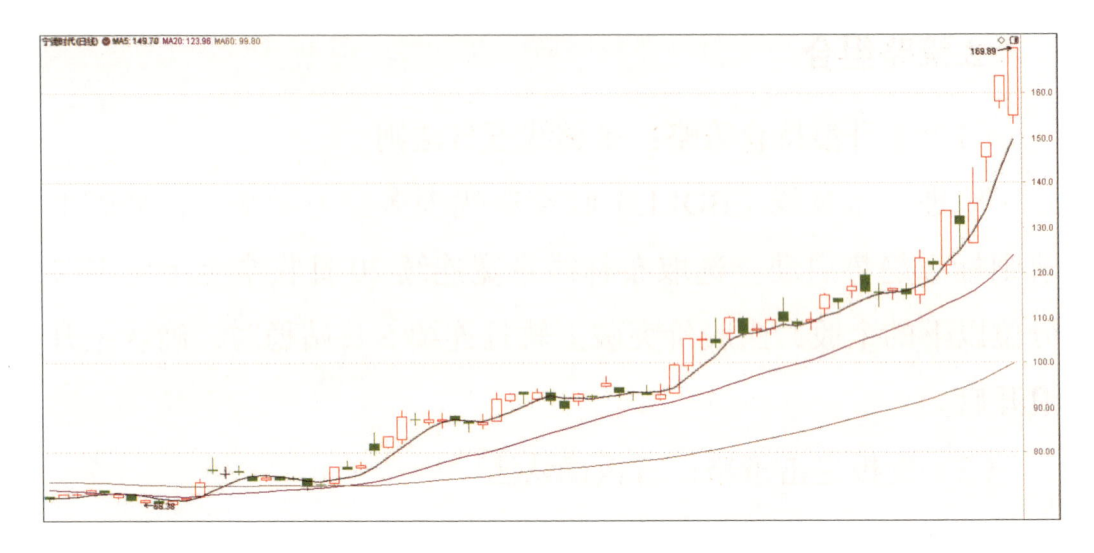

图 5-2　宁德时代（300750）日K线走势图

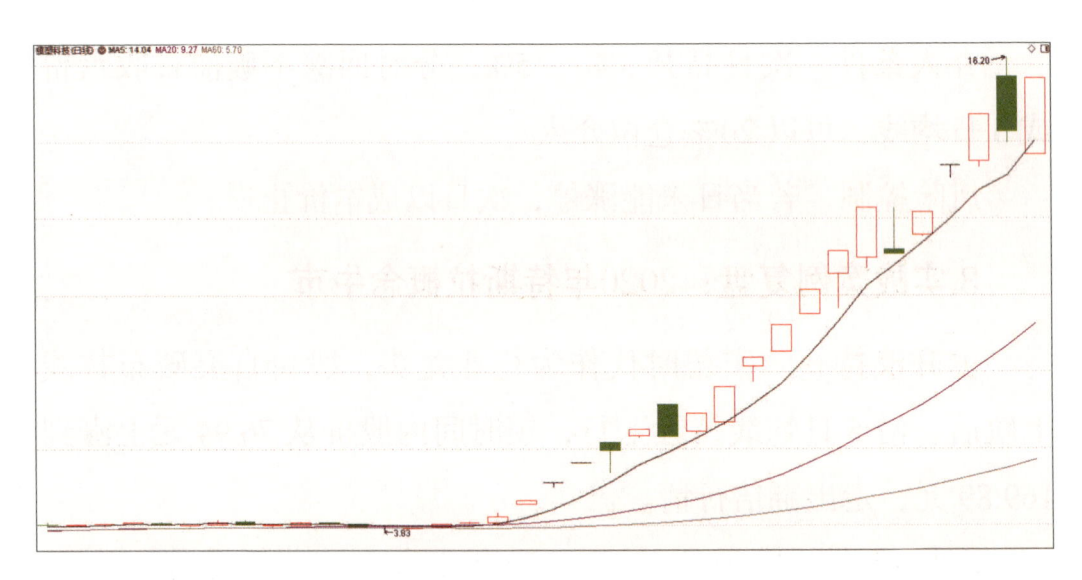

图 5-3　模塑科技（000700）日K线走势图

二、熊市低吸策略：双轨低吸 + 反包涨停

1.熊市环境

熊市环境的核心特征表现为趋势压制与资金谨慎。

大盘指数日线级别均线系统呈空头排列（5日线＜10日线

<20日线），且布林线中轨持续向下。

成交量萎缩至地量水平，单日成交额低于5日均量的60%（如2022年4月两市成交额跌破7000亿元）。连板高度被压制在3板以内，市场缺乏持续性热点，资金偏好超跌反弹类个股。

2. 策略组合

（1）双轨低吸策略：均线共振法。

选取股价回调至13日均线与21日均线交汇处，且当日K线收出缩量十字星，成交量低于前5日均量50%的个股。

（2）反包涨停策略：量价确认法。

识别长阴线次日高开反包的个股，当分时量比持续大于3倍且突破前日阴线实体时介入。若反包失败，以当日最低价设置止损。

3. 实战案例复盘：2022年地产股熊市反弹

双轨低吸。 中交地产在2022年3月22日站上13日与21日均线后，次日涨停，确认支撑有效性。

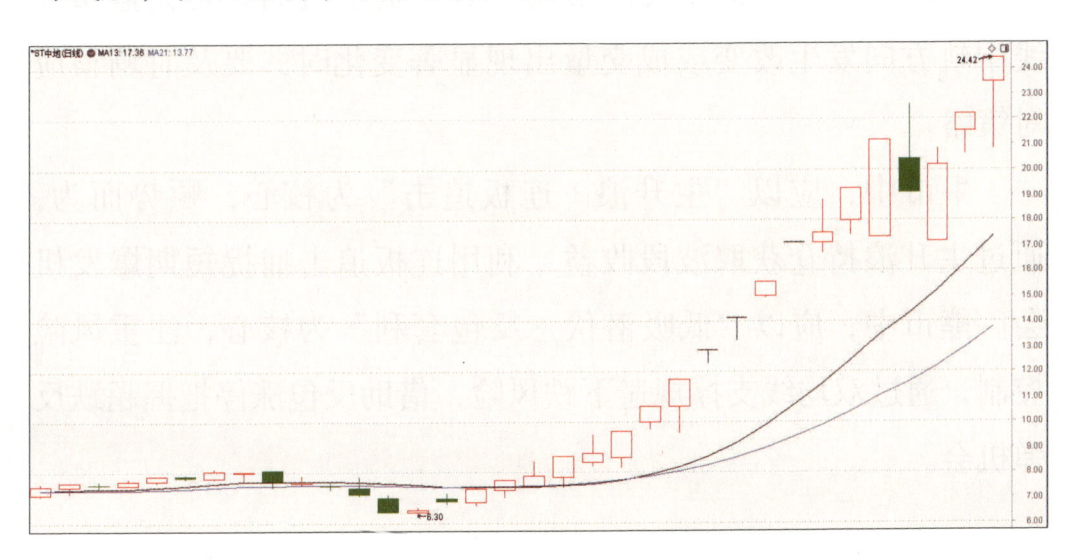

图 5-4　中交地产（000736）日K线走势图

反包追击。信达地产于 2022 年 3 月 25 日收出长阴线，28 日高开快速反包涨停，并且在 3 月 30 日和 4 月 1 日分别再次反包涨停。

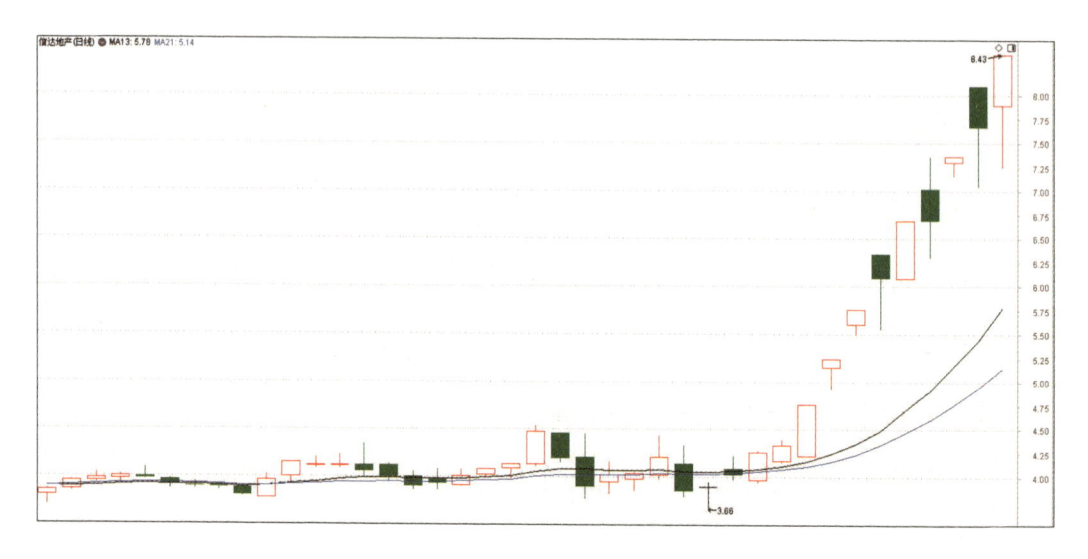

图 5-5　信达地产（600657）日 K 线走势图

策略效果。通过低吸与反包组合操作，在熊市环境中实现单月收益率 42%，有效规避了追高风险。

在市场中，要密切关注市场趋势与资金流向。当大盘布林线中轨方向发生改变或成交量出现显著变化时，要及时调整应对策略。

牛市中，应以"主升浪＋连板追击"为核心，顺势而为，通过主升浪持仓获取波段收益，利用连板追击捕捉短期爆发机会。熊市中，应以"低吸潜伏＋反包套利"为核心，注重风险控制，通过双均线支撑规避下跌风险，借助反包涨停把握超跌反弹机会。

第三节

投资者修炼：心态与系统的终极融合

在操作龙头股的高风险博弈中，技术分析与策略执行仅构成交易体系的"外功"，而投资者的心态管理与仓位控制能力，则是决定长期收益的"内功"。本节从投资心态修炼与仓位管理出发，系统阐述如何实现投资心态与交易系统的深度融合，构建可持续盈利的交易体系。

一、心态认知：克服人性弱点对交易的影响

在资本市场中，贪婪与恐惧是投资者面临的两大心理障碍。贪婪常常驱使投资者过度追求利润，导致过早加仓或延迟离场；恐惧则引发非理性止损或错失入场机会。例如，在龙头股连板行情中，很多散户常常因贪婪而忽视顶部信号，导致利润回吐或高位被套；或在股价回调时因恐惧割肉，错过后续上涨空间。这种情绪驱动的交易行为，本质上是人性弱点在金融市场的投射，需要通过系统化训练实现自我突破。

投资者可以通过写复盘日志修炼心态，逐步建立情绪—决策映射机制。每日交易结束后，通过以下三方面完成复盘记录。

交易决策：买入/卖出的逻辑依据（技术信号、基本面因素等）。

情绪波动：记录交易时的心理状态（如焦虑、侥幸、冲动）。

行为反思：分析情绪对决策的影响。例如，因恐惧在涨停开板时抛售，错过后续连板上涨的获利空间。

通过每日复盘，识别自己经常犯错的心理模式，建立自己的交易纪律。

不管盈利还是亏损，在投资者心中，都应该设定一个账户阈值，构建自己的机械性情绪防火墙。当单笔交易盈利超过20%时，强制执行50%减仓。这种盈利控制模式基于行为金融学中的"处置效应"，避免投资者因过度自信而错失落袋为安的机会。若单日亏损达到5%，则暂停交易1个交易日。通过强制性的亏损管理，阻断"赌徒心态"的恶性循环，给自己一个冷静反思的时间窗口。

神经科学研究表明，每日10分钟正念冥想，可增强前额叶皮层活性，提升情绪调节能力。若认为自己在交易中容易受情绪干扰，可在开盘前进行"呼吸锚定法"训练：闭目静坐，专注呼吸节奏，当出现杂念时，将注意力重新拉回呼吸。持续训练，可降低盘中冲动交易的概率。某大型私募基金交易员，就曾长期坚持冥想练习，使交易决策的胜率提升12%。

二、仓位管理：动态风险控制的量化模型

仓位管理的核心目标是在风险可控的前提下实现收益最大化。动态仓位分配模型通过量化个股风险与账户总风险的关系，确保单笔损失不危及账户安全。

仓位管理核心公式：

$$单股仓位 = \frac{账户总风险}{个股波动率 \times 止损幅度}$$

账户总风险。通常设定为总资金的 2%，该比例可根据投资者风险偏好调整，但建议不超过 5%。

个股波动率。取过去 20 个交易日的平均振幅，以反映股价波动的剧烈程度。

止损幅度。根据交易策略灵活设定，如趋势跟踪策略可设为 5%，超短线策略可设为 3%。

以 100 万元账户为例，假设个股 A 的 20 日平均振幅为 6%，止损幅度设定为 5%。仓位计算：

$$单股仓位 = \frac{2\% \times 100万}{6\% \times 5\%} = 6.67万元$$

即应分配 6.67% 的仓位至个股 A。

若个股 A 波动率上升至 8%，则仓位降至 5%，以体现高波动股票的风险溢价；若止损幅度收紧至 3%，则仓位提升至 11.1%，反映严格止损下可承受更高风险的暴露。

实战中，可以每日更新个股 20 日平均振幅，当波动率变化超过 30% 时，可重新计算仓位。此外，还应结合市场环境，在熊市或震荡市中，将账户总风险下调至 1%，以降低整体风险敞口。同时结合龙头股的不同阶段动态调整仓位，如主升浪阶段可放宽止损幅度至 8%，以提高仓位上限。

在龙头股交易领域，技术策略与心态控制、仓位管理相辅相成，投资者一定要内外兼修，构建一个知行合一的交易系统。在心态管理方面，可以通过复盘日志、阈值设定、冥想练习，实现情绪可视化，建立行为约束机制，重塑理性思维模式，突破人性的弱点。在仓位管理方面，要构建动态的风险控制量化模型，确保风险可控，以实现收益最大化。最终将心态管理的纪律性与仓位模型的科学性融入交易决策，形成"理性认知—量化执行—动态反馈"的闭环体系，实现长期可持续盈利。